빠르고 정확한 독해를 위한

Just
READING

1

혁신 개정판
Just Reading 1

지은이 신석영
발행인 조상현
발행처 (주)위아북스

주소 서울시 마포구 마포대로 127. 304호
문의 02-725-9988 **팩스** 02-725-9863
등록번호 제300-2007-164호
홈페이지 www.wearebooks.co.kr
ISBN 978-89-6614-041-1 53740

혁신 개정판

빠르고 정확한 독해를 위한

Just
READING

신석영 지음

1

We're
위아북스

"꿈에 젖은 수년보다 강렬한 한 시간이 더 많은 것을 이룬다."라는 말이 생각납니다. 지금 누구보다도 강렬한 인생을 살고 있는 사람은 학생들이 아닌가 싶습니다. 대학을 목표로 열심히 공부하는 학습자들에게는 공부를 잘하는 방법과 어떻게 준비하고 대처를 해야 좋은 점수를 받을 수 있을까? 하는 의문과 절실함은 항상 변함이 없습니다. 똑같은 노력과 주어진 시간이 같다면 좀 더 효과적으로 공부할 수 있도록 도움을 줄 수 있는 안내자와 같은 좋은 책과 선생님들이 절실히 필요할 때입니다. "한 권의 책이 사람의 인생을 바꿀 수도 있다"는 말이 있습니다.

이 책은 저자가 직접 현장에서 오랜 세월동안 직접 가르치며 만들었습니다. 아이들과 함께 울고, 웃고, 기뻐하며 힘들고 행복했던 시간들을 함께 하면서 조금씩 다듬어 나갔습니다.

힘든 곳과 아픈 곳을 직접 어루만지며 또한 학생들에게서 더 많은 가르침을 받은 저자가 학생들의 어려움을 해소할 수 있도록 심혈을 기울였습니다.

영어를 잘 듣고, 말하고, 쓰기 위해서는 많이 읽어야 합니다. 영어는 읽어 이해할 수 있는 속도와 정확도의 범위만큼만 들리며, 읽은 내용이 숙지되면 회화가 이루어지고, 글로 표현하면 영작문이 따라오게 됩니다. 독해영역이 상당히 별개의 분야처럼 이해되어 회화와 영작이 별도의 훈련이 필요한 것처럼 여겨져 왔는데, 이와 같은 고정관념을 깨는 대 수술이 필요합니다. 크라센(Crashen)이라는 언어학자는 '많이 읽을 것'을 강조합니다. 그는 배경지식을 알고, 읽어서 이해할 수 있는 영문을 많이 읽는 것이 영어 정복의 지름길임을 지적합니다. 오늘날 싱가포르의 영어 실력이 이를 증명하는데, 싱가포르의 리콴유 전 총리는 학교 교실 뒤에 영문서적을 수십, 수백 권을 비치해 두고 읽기 교육을 시켰습니다. 우리나라는 우선 말해야 한다는 강박관념에 사로잡혀 읽기 교육이 제대로 안 되고 있는 현실입니다.

대학 수학능력 시험과 TOEFL, TOEIC과 같은 시험에서의 관건은 다양한 지문을 얼마나 많이 접하고 또 얼마나 빨리 이해하느냐에 달려있습니다. 가장 좋은 방법은 쉬운 지문부터 단계별로 공부하면서 영어 독해와 영작 그리고 듣기에 대한 자신감을 가지도록 하는 것입니다. 그런데 현재 영어 교육은 학습자 중심이 아닌 현실과 동떨어져 있고 학습자에 대한 세심한 배려나 사랑이 없어 보입니다. 학습자들은 처음부터 어려운 지문을 접하게 되거나,

홍미 없는 소재를 바탕으로 단계학습을 하게 되는데, 이는 영어를 몇 년을 배워도 투자한 시간과 노력에 비하여 드러나는 학습효과가 실로 미미합니다. 이에 따라, 학생들은 영어가 주는 재미를 느낄 수 없을 뿐 아니라, 오히려 스트레스만 늘어갈 뿐입니다. 당연히 학교시험과 '영어 자체'에는 늘 자신 없어 합니다.

Just Reading 시리즈는 이런 학생들을 위해 정밀하게 제작된 Reading 교재입니다. 수능과 TOEFL, TOEIC에 맞춘 지문과 문제는 학생들에게 실제적인 도움을 줄 것입니다.

사실, 이 책을 쓴 저자의 목표와 이상은 더 높은 곳에 있습니다. 우리가 안고 있는 근본적인 문제는 학습 분위기 저변에 깔린 비판적 성향과 고정된 사고방식, 그리고 검증되지 않은 낡은 선입견들입니다. 한 언어가 자리 잡기 위해서는 다양한 작업이 요구되는데 그 중 가장 중요한 부분은 실제 많은 훈련을 할 수 있는 빈도와 학습자의 자신감입니다.

언어는 말이요, 말은 정신이요, 정신은 사상입니다. 사상은 인격을 만듭니다. 생소한 언어체계가 우리의 뇌에 자리 잡기까지 글로 된 많은 양의 독서를 필요로 합니다. 이 책에서 학습자들이 다양한 범 교과서적인 소재를 읽고 즐기는 동시에 많은 도움 장치들로 구성되어 있음을 밝혀 둡니다. 단순한 대학입시가 목적이 아닌 하나의 과정으로 더 큰 꿈과 미래를 향해 나아갈 대한민국 모든 학생들에게 응원을 보냅니다.

"Just Reading 혁신 개정판"이 출간되기까지 더 좋은 책을 위해 헌신의 노력을 다해주신 위아북스 관계자 여러분들에게 고개 숙여 깊은 감사를 드립니다. 마지막으로 항상 옆에서 힘이 되어주는 내 가족, 힘이 들 때마다 묵묵히 응원해준 내 아내 미선이, 그리고 아빠에게 언제나 용기와 희망을 주는 서윤이와 강민이에게 끝없는 사랑과 감사를 전합니다.

신석영

A B O U T *Reading 1*

독해를 위한 공부 방법

"독해력이란?"

독해력은 'Reading Power' 즉, '읽어 이해할 수 있는 능력'을 말한다. 많은 학생들이 '독해'가 무엇인지를 물어보면 십중팔구 읽고 해석하는 것, 읽고 번역하는 것이라 한다. 지금까지 수능, 토익, 토플 같은 시험에서는 한번도 '읽고 해석'하는 시험을 낸 적이 없다. 'Reading Comprehension' 즉, 읽고 이해하는 것이 독해이다. 단지 단어를 외워 단어만 읽어나가려고 한다. 그러나 reading의 첫 출발은 '글을 쓴 작가의 의도'를 파악하는 것, 즉, 글을 통하여 작가의 중요한 생각(Main idea)을 알아 내가는 힘이 '독해력'이며 고난도 독해력 측정이라는 것은 이러한 글의 중요성을 파악하고 추론해 내는 능력이 있는지를 측정하는 것을 가리킨다. 왜? Main idea를 통해 독해력을 측정하는 것일까? 이는 이러한 정도의 수준 높은 문제를 풀 줄 아는 학생이 대학의 학문을 이해할 수 있을 것으로 판단되기 때문이다.

1 이 글은 무엇에 관한 것인가?

주제문장(Topic Sentence/Main idea)이란, 주제(Topic)가 포함된 문장으로, 그 글이나 단락의 내용이 무엇에 관한 것인가를 함축적으로 대변하는 문장이다. 따라서, 이 주제 문장을 통해 글을 읽는 독자는 그 글이 어떤 내용인가를 예상할 수 있고, 글을 쓰는 작가는 하나의 생각(Idea)에 충실한 글을 쓸 수 있게 된다.

또한, 주제 문장은 사실(Fact)보다는 대개 글쓴이의 견해(Opinion)가 들어있는 문장으로, 주제(Topic)와 이를 제한 진술(Controlling statement)로 구성된다.

주제를 더욱 짧게 요약을 하게 되면 그것이 제목(Title)이 된다. 그 외에 Topic/Key Point 등으로 표현될 수 있다. 제목은 어떠한 글에서든지 지문을 중요한 하나의 요소로 통합시키는 것이 된다. 따라서 제목은 간단한 몇 단어로 나타내야 한다.

2 작가는 제목에 대해서 어떤 생각을 말하려고 하는가?

제목, 즉 글쓴이가 어떠한 것에 대해 말하려고 할 때, 그 말하려는 자신의 생각이 곧 주제(Main idea)가 된다. 이것은 주제문으로 표현이 되는데, 제목을 문장으로 나타내는 것이 주제문이다. '무엇이 어떠하다'라고 표현한다. 제목을 묻는 문제가 중요한 이유는 제목을 옳게 파악할 수 있다면 글의 중요한 요소를 파악하고 있는 것으로 볼 수 있기 때문이다.

3 자신의 생각을 어떻게 표현하는가?

글쓴이는 반드시 글의 첫머리 부분에 '화젯거리'를 반드시 제시한다. '화젯거리(Controlling Statement)'는 마찬가지로 주제에 해당되는데 자신의 주장을 화젯거리로 제시하고, 이를 논리적으로 납득할 수 있는 다양한 설명으로 주제를 뒷받침해주는 문장들로 구성이 된다. 이러한 문장 구성 요소들을 'Supporting Sentences'라고 한다. 주제를 뒷받침해주는 보충, 부연 설명이 연이어 나오는데, 흔히 독해 문제에서 본문의 내용과 일치/불일치를 물어보는 문제는 이러한 세부적인 보충설명을 올바로 이해하는지를 측정하는 문제이다.

전체 Supporting details(보충, 부연설명 문장)가 글의 주제와 논리적으로 잘 구성되어 하나의 흐름으로 연결이 잘 되었다면 이것을 우리는 '통일성'을 잘 갖춘 글이라고 한다. 문단은 하나의 주제문(Topic sentence)을 중심으로 하여 각 문장들이 주제문을 뒷받침하도록 관련성 있게 구성되어 있어야 한다. 비약을 하거나 논지에 어긋나는 문장이 나오는 경우가 있다. 이러한 문장은 제거하거나 수정해야 한다. 글쓰기와 교정 능력을 간접 평가하기 위해 자주 출제되고 있다.

4 내가 읽은 내용을 통해 어떤 결론을 추론해 낼 수 있는가?

글의 도입부분에서 화젯거리, 즉 작가의 main idea를 파악하고 이것을 뒷받침해주는 보충, 부연 설명글을 모두 이해하고 나면 그 글에 대한 결론(Concluding Sentence)을 내릴 수 있어야 한다. 이때 결론은 글속에 제시되어 있을 수도 있고, 결론을 추론해 내야 하는 경우도 있다. 결론을 묻는 문제는 내가 파악이 가능했던 주제와 내용과 의미가 같아야 한다. 내가 읽은 내용과 거리가 멀다면 주제에서도, 결론에서도 벗어나 있다고 판단해야 한다. 함정 문제에서는 일반적인 타당성 있는 결론을 제시하기도 하는데, 반드시 글의 주제와 관련된 결론을 유추해 내야 하는 것이 중요하다.

ABOUT Reading 2

독해원리 정리

Paragraph 구성 원리

Main idea / Controlling statement 주제문
Support sentence
Support sentence
Support sentence
Support sentence
Support sentence
Concluding Sentence 결론 문장

① 하나의 단락(문단)은 몇 개의 문장이 모여 하나의 주제(핵심사상)를 다룬다.

② 단락은 일관된 하나의 주제와 그것을 보충 설명하는 문장들로 구성된다.

③ 보충 설명하는 문장을 다시 세부적으로 보충하거나, 예를 드는 문장이 있다.

※ 어떤 글에서, 글쓴이가 말하거나 설명하려는 것이 그 글의 주제(Main idea)가 된다. 이것은 글을 쓰는 사람의 입장에서 보면 글쓴이가 말하고자 하는 것이 무엇인지를 전달하고 독자의 입장에서 보면 그 글이 무엇에 관한 것인지를 알게 한다.

ABOUT Just Reading Series 1

Just Reading 시리즈의 특징

1 각 Level별 25개의 실생활과 관련된 재미있는 독해 지문

각 Level별 25개의 지문으로 구성되어 있으며, 5개의 지문이 하나의 Chapter로 이루어져 있다. 재미있는 주제와 다소 딱딱한 역사, 인물에 대한 지문까지 세밀화된 단계에 맞는 수준의 지문을 실었다. 유익한 지문을 통해 학생들은 다양한 시사, 문화, 역사, 인물, 사회, 과학 분야를 모두 배울 수 있도록 균형 있게 배치하였으며, 어떠한 유형의 독해 문제라도 당황하지 않고 대처할 수 있는 자기훈련의 기회를 제공하여 재미있게 공부할 수 있다.

2 수능 기출 문제 수록

각 Chapter별로 수능 기출 문제와 응용문제가 수록되어 있다. 특히 독해력을 측정하는 문제가 큰 비중을 차지하면서, 문제 출제도 사고력을 배양할 수 있도록 응용문제를 실어 원하는 대학 진학을 희망하는 학생들에게 도전정신과 자신감을 심어 줄 수 있도록 구성되었다.

3 종합적 사고력, 분석력, 이해력을 획기적으로 길러 줄 참신한 문제

화제와 주제 파악에 중점을 두되, 본문 내의 빈칸 추론하기, 요약하기, 어법(어휘) 문제, 논술형 문제, 결론 문제의 출제의도를 밝혀 놓아 독해력 측정의 여러 문제 유형에 자신 있게 대처할 수 있도록 하였다. 수능에 출제되는 모든 영역과 영어 제시문을 통해 각종 영어 시험에 대비할 수 있도록 구성되었다.

4 지문을 난이도에 따라 적절히 배열

각 Level을 세밀하게 나누어 영어에 대한 두려움을 쉽게 극복하도록 하였다. 각 Chapter별 마지막 지문은 200자 이상의 장문으로 구성하여 지문에 대한 종합적인 분석이 가능하게 하였고, Just Reading Series 3권에서는 장문이 2개씩 구성되어 풍부한 읽을거리를 통해 단계적인 실력 향상에 도움이 될 것이다.

5 선생님 · 학생 · 학부모 모두가 참여할 수 있는 교재

기존의 교재들은 항상 집필자가 이끌어가는 단방향적인 교재였으나 본 교재는 위 3자가 교재 중심으로 들어와서 서로 대화할 수 있도록 Daily Assignment Book을 Chapter별로 두어 학습의 효과를 높이도록 하였다.

6 문장의 정확한 이해력을 바탕으로 Writing과 Speaking까지 완성

기존의 책들은 독해 지문을 읽고 단순히 문제만 풀고 끝나는 구성인 반면 Just Reading은 공부한 독해 지문의 핵심 구문을 우리말과 영어를 비교분석하여 정확한 문장 이해력을 기른 후 영작으로 완성할 수 있도록 하였다. 또한 우리말로 완전히 이해한 영문 구조를 이용하여 일상회화에서 자주 쓰이는 Speaking 스킬을 익힐 수 있도록 충분한 말하기 연습 활동을 구성하였다.

ABOUT Just Reading Series 2

Just Reading 구성의 특징

1 단원어휘 | Mini Quiz

각 Chapter에 필요한 단어를 미리 공부하고 스스로 테스트할 수 있도록
구성하였다. 단순한 암기보다는 collocation으로 의미 단위 어휘 확인이
가능하도록 하였다. 학생들은 단어를 지루하고 어려운 것이 아닌 '살아
있는 말'로 인식하게 될 것이며, 이러한 과정은 사고력 증진에 상당한 도
움이 될 것이다.

2 독해에 진짜 필요한 Reading Skill

각 Chapter 마다 수능과 모든 독해에 필요한 독해 이론 수업이 마련되어 있다. 수능에 가장 많이 출제되는 단락의 구성 이론과
주제, 제목, 요지와 같은 유형을 모두 학습할 수 있다. 정보를 빨리 읽고 해석을 일일이 해내는 것도 중요하지만 이와 더불어 문장
과 글의 논리를 정확하게 이해하는 '단락의 구성 이론'을 이해하는 능력도 반드시 필요하다.

3 Check Your Vocabulary!

보통의 책은 지문 밑에 단어 해설을 정리해 놓은 것이 보통이나, Just
Reading 시리즈는 핵심 단어를 학생들이 스스로 조사해올 수 있도록 하
였으며 이는 실제 수업에서 선생님이 숙제를 내주실 부분이다. 이렇게
하는 목적은 어휘는 한두 가지의 의미만을 내포하고 있는 것이 아닌 다
양한 지문과 상황에 따라 그 의미가 결정되므로 독해 속 지문을 통해 학
습자가 어휘의 뜻을 추론해보는 것 또한 사고력 향상을 위해 반드시 필
요한 부분이기 때문이다.

4 구문으로 익히는 Writing & Speaking

'구문 독해 + 어휘 + 영작 + 해석연습'이 통합적으로 이루어지도록 구성하였다. 독해 해석 후 문제 풀이만 하면 끝나는 것이 아니
라, 각 Unit마다 자가 학습 및 숙제를 내주어 학부형에게 확인을 받아 오는 시스템이다. 전통적인 문법이 아닌 현대식 영어로 영어
와 한국어의 유사점을 비교 · 설명하여 우리나라 학습자들이 가장 난감해하는 영문 구조들을 확실하게 연습할 수 있다. 또한 우
리말로 이해한 영어문장을 통해 실제 원어민이 자주 쓰는 스피킹 스킬을 읽힐 수 있다. 친구와 짝을 이루거나 그룹으로 말하기
연습을 할 수 있게 구성하여 학생들에게 흥미를 유발할 수 있는 수업을 할 수 있게 도움을 준다. 전국 어디에서도 찾아볼 수 없는
스피킹이 융합된 교재로 스피킹 시험 대비는 물론 말하기 능력 또한 향상시킬 수 있다.

5 WORD REVIEW

각 Chapter에서 배운 어휘와 구문, 문법을 복습, 확인하는 코너이다. 현장수업에서는 Weekly 테스트 또는 Daily 테스트로 활용하여 학습들의 실력과 복습 정도를 확인, 점검할 수 있다.

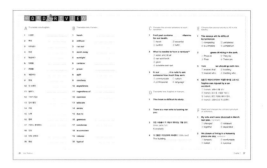

6 SENTENCE REVIEW

다양한 지문을 접한 후에 핵심 문법을 예문을 통해 다시 한 번 복습할 수 있게 한다. 간단한 문제를 통해 점검하되 제시된 문제는 수능어법 유형으로 확인 테스트를 할 수 있게 구성하였다.

7 Daily Assignment Book

그날의 시험내용과 과제물을 꼼꼼히 적어 학부형에게 확인 받아오는 시스템이다. 취약한 부분과 보완점을 스스로 작성해 보면서 자기 주도 학습이 가능하도록 만들었다.

8 WORKBOOK

CD 안의 무료 보충자료 워크북을 활용하여 Just Reading의 독해뿐 아니라, 어휘, 회화, 문법, 영작을 모두 최종 정리하며 복습할 수 있다. 본책에 해당하는 시험 적중률이 높은 유형의 문제들을 뽑았다. 숙제나 자습을 통해 보충하기에 탄탄한 자료이다.

CONTENTS

Chapter
01

 단원 어휘

- ☐ **harsh** a. 거친, 가혹한
- ☐ **wash away** 씻어내다
- ☐ **various** a. 다양한
- ☐ **mixture** n. 혼합(물)
- ☐ **argument** n. 논쟁, 논의, 주장
- ☐ **agreement** n. 동의, 합의
- ☐ **range** n. 범위, 열, 연속
- ☐ **split** v. 쪼개다, 분할하다
- ☐ **common** a. 공통의, 평범한, 흔한
- ☐ **broaden** v. 넓히다
- ☐ **press** n. 신문, 출판물
- ☐ **discontinue** v. 중지/그만하다
- ☐ **publish** v. 출판/발표하다
- ☐ **newspaper** n. 신문(사)
- ☐ **effort** n. 노력, 수고, 분투
- ☐ **heavenly** a. 하늘의, 천국의
- ☐ **material** n. 물질, 재료
- ☐ **separate** v. 가르다, 분리하다
- ☐ **release** v. 방출하다
- ☐ **revolve** v. 회전하다

Mini Quiz

1 _____ a newspaper subscription 신문 구독을 중단하다

2 have a(n) _____ with a friend 친구와 말다툼하다

3 be _____ in half 반으로 쪼개지다(나뉘다)

4 within the _____ of one's knowledge 지식의 범위 안에

5 take a lot of _____ (어떤 일이) 많은 노력이 필요하다

6 a(n) _____ punishment 가혹한 벌

7 _____ around the sun 태양 주위를 공전하다

8 _____ a new magazine 새로운 잡지를 발행하다

9 _____ the two boys who are fighting 싸우고 있는 두 소년을 떼어놓다

10 labor _____ 노동협약

주제가 뭐예요?

주제는 작가가 독자에게 전달하려는 중심생각(main idea)이다. 작가는 **먼저 주제를 정하고 그 주제의 내용을 전개하기 위해 설득력 있는 예시를 든다.** 그 예시의 문장들을 supporting sentences(주제를 보충 설명하는 문장들)이라 한다. 주제는 핵심어(Key-word)를 중심으로 설정된다. 그러므로 처음 1~2문장에서 핵심어를 찾아야 한다. 그 문장이 바로 주제문이든, 아니면 도입문장이든 간에 작가가 이야기를 전개하기 위해서 언급하는 핵심어가 나타나기 마련이다. 핵심어를 찾았다면 만약 자신이 작가라면 그 핵심어를 중심으로 글의 내용과 전개방법이 어떻게 쓸지를 예상해 보라. 주제문을 뒷받침하는 예시의 문장들(supporting sentences)에서 주제를 섣불리 고르면 안 된다. 글 전체 내용을 효과적으로 포괄하는 것이어야 한다. 보충 설명하는 문장은 글의 내용과 무관하지는 않지만 지나치게 넓고(broad) 막연한(vague) 표현이나 구체적이고(specific) 지엽적인(minor) 표현은 정답이 될 수 없음을 명심한다.

주제 찾기 유형의 급소	
	① 보기부터 읽는다. 정답에 해당하는 **핵심어(주인공)**는 선택지에 있다. 공통된 핵심어를 묶어 단락이 어떤 글이라는 것을 예상하며 글을 읽는 것과 글을 전부 읽고 선택지 5개를 찾는 것에는 확률적으로 큰 차이가 있다.
	② **단락의 도입 부분에서 핵심어(key word)와 화제를 반드시 찾아라.** 작가는 하고 싶은 얘기(화제 거리)를 반드시 제시한다. 그 화제를 중심으로 보충, 부연하는 설명이 이어진다면 바로 그 화제가 주제가 된다.
	③ 어휘를 모르거나 해석이 안 되는 부분은 철저히 skip한다. 내용 파악이 가능한 부분들만 묶어서 하나의 흐름으로 연결한다. 단락은 **일관된 한 개의 주제가 반드시 존재한다.**

다음 글의 주제로 가장 알맞은 것은? 기출문제

^{1} Will cyber schools replace traditional schools some day? ^{2} In spite of their problems, traditional classrooms hold many advantages over online classes. ^{3} First of all, traditional classrooms are a place where students may relate to one another face to face. That is, a keyboard will never be able to replace the warmth of a handshake, or monitor the smile of another student. ^{4} In traditional schools, students may also take part in team sports, club activities, and school festivals - choices not available to students who learn through computers.

① demand for online classes
② advantages of cyber schools
③ benefits of traditional schools
④ origins of computer use in schools
⑤ limitations of face-to-face interaction

[논리독해]

Key-word : 1+2 traditional schools

1 의문문을 통한 작가의 화제 제시
2 의문문에 대한 대답이 주제
3 주제문에 대한 구체적인 부연 설명 (First of all, ~)
4 주제문에 대한 구체적인 부연 설명 반복

수험생의 눈

▶의문문에 대한 대답은 주제문이 된다.

▶many, various, several이 있는 문장은 주제문이 될 수 있다. many advantages를 제시하고 많은 장점에 대해 글을 통일성 있게 글을 써 내려가야 한다.

단락의 전개 방식

화제(main idea) 제시 ➡ 보충, 부연 설명

Environment

Trees are very important to our lives in many ways. First, trees in the mountains keep rain water in their roots. The water stays there and runs out of the earth very slowly. This helps to form rivers. If there were no trees, the rain water would quickly run down the mountains and sometimes wash our houses away. Second, trees also make homes for various birds and animals. Without trees, they would all die, and we would not be able to hear birds singing. Third, trees are beautiful to look at. Without them, the earth would be a much harsher environment.

1 Which of the following is the best main idea for this paragraph?
① 강의 생성 과정
② 산림 보호의 중요성
③ 조류 보호 방법
④ 홍수의 원인과 결과
⑤ 나무의 유용성

2 Which of the following information is <u>NOT</u> true?
① Trees are homes for birds and animals.
② Water is kept in trees' roots.
③ Trees can help us wash our houses.
④ People and animals cannot live without trees.
⑤ Without trees, we would not see any animals.

Check Your VOCABULARY!

root	stay	form	run down
wash away	various	harsh	environment

구문으로 익히는 **Writing & Speaking**

형용사 뒤에 줄을 서는 to부정사

⬇ 자리
Is this river *dangerous* to swim in?
이 강은 **수영하기에** 위험합니까?

⬇ 자리
Some of English words are *difficult* to pronounce.
몇몇 영어 단어들은 **발음하기** 어렵다.

영어는 철저히 정해진 자리에서만 뜻을 가질 수 있다. to부정사가 형용사 뒤에 떡 하니 줄을 서 있으면 우리말 '~하기(에)'의 뜻을 가진다. 이를 어려운 말로 to부정사의 부사적 용법이라고 배웠다.

우리말 '수영하다'를 '수영하기에'로 만들려면 단어 자체를 바꿔 '수영하다 + ~기에 = 수영하기에'로 한다.

영어는 swim 앞에 to를 붙여 → to swim. '수영하기(에)'를 나타내려면 반드시 **형용사 뒷자리에 위치 고정**시켜야 한다.

발음하다 + ~기에 = '발음하기에'
pronounce + **to** → to pronounce
'~하기에'를 표현하려면 반드시 형용사 뒷자리에 있어야 한다.

| Practice

1 English is not `easy` `to learn` because the grammar is difficult.

해석 ◑ _____

2 이 차는 this car 운전하기에 drive 안전하지 safe 않다 not.

영작 ◑ _____

| Super Speaking

1단계 : 처음 우리말과 영문을 보면서 영어로 말해본다.
2단계 : 영문을 손으로 가리고 우리말만 보면서 완전한 영어로 말할 수 있도록 3~4회 반복한다.

 이 책은 이해하기가 너무 쉽다.

This book is very easy to understand.
우리말을
영 어 로
옮 기 기

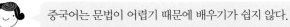 중국어는 문법이 어렵기 때문에 배우기가 쉽지 않다.

Chinese is not easy to learn because the grammar is difficult.

 컴퓨터는 혼자 배우기에 쉽지 않다.

Computer is not easy to learn alone.

 그 나이든 여성은 설득하기가 어렵다.

The old lady is hard to persuade.

Unit
02

빛의 숨은 비밀

Science

The light that we get from the sun is white. But white has a lot of colors. In 1666, Newton used a glass prism to split sunlight into a range of colors. This is called a spectrum. By doing this, he was able to show that white light is a mixture of all the colors of the rainbow. Raindrops can act like natural prisms, so if there is sunshine and rain, a rainbow may be formed. There have always been _____ about how many colors there are in a rainbow. Often people say there are seven: red, orange, yellow, green, blue, indigo, and violet. In fact, there are millions of colors in a rainbow. But we only have names for some of them.

1   **What is the best word for the blank?**
   ① arguments
   ② agreements
   ③ stories
   ④ contracts
   ⑤ legends

2   **Write T if the statement is true or F if it is false.**
   (1) _____ The light that we get from the sun is white. It has only one color.
   (2) _____ Newton showed that light is a mixture of all the colors of the rainbow.

**Check Your
VOCABULARY!**

| prism | split | range | spectrum |
| mixture | raindrop | argument | agreement |

There be 뒤에 줄을 서는 주어(명사)

⬇ 자리
There is a man who wears only one sock.
한 쪽 양말만 신는 **남자가** 있다.
⬇ 자리
There are many magazines for you to read in the train.
당신이 기차에서 읽을 **많은 잡지가** 있다.

영어는 철저히 정해진 자리에서만 뜻을 가질 수 있다. 명사(주어)가 there be 뒤에 떡하니 자리하고 있으면 우리말 '~가 있다'의 뜻을 나타낸다. 1형식을 나타내는 대표적인 구문이다.

명사(주어)는 + ~있다
➡ 명사(주어)가 **있다**

there be + 명사(주어)
➡ 명사(주어)가 있다

'(명사)가 있다'를 표현하려면 **명사가 반드시 there be의 be동사** 뒷자리에 고정되어야 한다.

| Practice

1 There are some books to read.

　해석 ◐ _____

2 버스를 기다리는 waiting for a bus 많은 사람들이 lots of people 있었다.

　영작 ◐ _____

| Super Speaking 1단계 : 처음 우리말과 영문을 보면서 영어로 말해본다.
2단계 : 영문을 손으로 가리고 우리말만 보면서 완전한 영어로 말할 수 있도록 3~4회 반복한다.

 일주일에는 7일이 있다.

There are seven days in a week.

우리말을 영어로 옮기기

 거긴 마땅히 주차할 장소가 없다.

There is no place to park there.

신문에 무슨 재미있는 기사가 있니?

Is there any interesting news in the paper?

 시청으로 가는 지름길이 있니?

Is there a shortcut to City Hall?

Travel & Culture

While you are traveling outside of your country, you may find that there are universal common values regardless of cultural differences. For example, honor, love, justice, and courtesy, all of which are valued highly in our society, are also regarded as valuable in other countries. But some people in one country cannot understand that people in another country have the same value systems because the way those values are shaped and handled is different. If you travel to another country, however, you will be able to better understand its culture, and to learn that the people in that country _____.
This will be the greatest gain of travel. Travel always broadens and expands our minds because new experiences allow us to view things differently.

1　이 글의 빈칸에 가장 적절한 것은?
　① learn how to speak other languages
　② experience the culture or customs in that country
　③ have the same value systems you have
　④ understand a variety of languages
　⑤ have the same summer vacation

2　**What is the greatest benefit of travel in the paragraph?**
　① learning about general values
　② learning the ability to solve problems
　③ learning about different food
　④ learning the importance of understanding and cooperation
　⑤ understanding the value of culture

**Check Your
VOCABULARY!**

universal	common	regardless of	honor
justice	courtesy	highly	regard
valuable	broaden	expand	experience

명사 자리에 위치하는 명사절

↓ 문장 맨 앞자리
That *she is honest* is true.
그녀가 정직하다는 것은 사실이다.

↓ 동사 뒷자리
The doctor advised that *the patient should exercise.*
의사는 그 환자가 운동을 해야 한다고 충고했다.

that이 대명사, 부사, 관계대명사, 명사절 접속사로 다양하게 쓰여 해석에 어려움이 많다. 영어는 그 고유의 자리가 있어 정해진 자리에서만 그 뜻을 나타낼 수 있다. 우리말 '정직하다'는 '정직하다는 것은, 정직하다 라고'처럼 말 자체를 바꿀 수 있지만 영어에서는 그런 장치가 절대 없다. 따라서 that이 문장과 함께 문장 맨 앞, 즉 주어 자리에 위치해서 That 앞에 아무것도 없거나, 목적어 자리 또는 보어 자리, 즉 동사 바로 뒷자리에 줄을 서서 있으면 그때 바로 우리말 '~것, ~(라는) 것을, ~라고'의 뜻이 된다.

그녀가 정직하다 + ~것은
➡ 그녀가 정직한 것은
she is honest + **that**
➡ **that** she is honest가 **문장 맨 앞에 줄을 서야**(주어 자리) 우리말 '~것(은)'의 뜻이 된다.

the patient should exercise + **that**
➡ **that** the patient should exercise
that이 문장과 함께 **동사 바로 뒤에 줄을 서서 위치가 고정**되어 있으면 '~것(을), ~라고'의 뜻이 된다.

| Practice

1 I believe that you will do better next time.

해석 ○ _____

2 그녀가 미래에 in the future 좋은 대학에 들어가리라는 것은 will enter a good college 가능하다 be possible.

영작 ○ _____

| Super Speaking

1단계 : 처음 우리말과 영문을 보면서 영어로 말해본다.
2단계 : 영문을 손으로 가리고 우리말만 보면서 완전한 영어로 말할 수 있도록 3~4회 반복한다.

 문제는 그가 아프다는 것이다.

 The problem is that he is sick.

우리말을
영 어 로
옮 기 기

 나는 그가 정말 일 중독자라고 생각한다.

I think that he is a real workaholic.

 우리는 부모님이 항상 우리를 사랑할 것이라는 것을 안다.

We know that our parents will always love us.

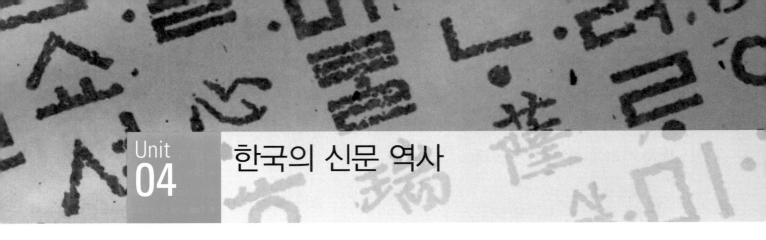

한국의 신문 역사

History

Few people are aware that 1883 is an important year in the history of the Korean press. In that year the newspaper was first published in Korea in an effort to educate the people and bring necessary changes to the country. Three times a month it brought the readers news about the country and the rest of the world. A year later the newspaper was discontinued for a while due to a fire. It had to close in 1888 because of lack of money. In spite of its short life, it changed forever how people got their news in Korea. 기출

1 **What is the best title for this paragraph?**
① How to Read Korean Newspapers
② The Beginning of Newspapers in Korea
③ A Big Fire in the Newspaper Printing House
④ International News in Korean Newspapers
⑤ How Newspapers Changed Korean History

2 **What was the purpose of publishing a newspaper in Korea? Write the answer in English.**

_____

Check Your
VOCABULARY!

aware	press	publish	in an effort to
educate	necessary	the rest of	discontinue
for a while	due to	lack	in spite of

행위를 받는 대상을 강조하는 수동태

⬇ **목적어가 자리 이동**
The magazine is read by a lot of people.
그 잡지는 많은 사람들에 의해 읽혀진다.

⬇ **목적어가 자리 이동**
The museum was built in 1998.
그 박물관은 1998년에 지어졌다.

'행위를 하는 주체에 초점을 두느냐' 아니면 '행위 대상이 중심이 되느냐'에 따라 문장의 형태가 달라진다. 능동태는 행위가 중심이고, 수동태는 대상에 더 중점을 두고 표현한다. 수동태는 '~가 …되다/…지다/…당하다/…를 받다' 정도로 해석하면 된다.

읽는다 + ~지다 ➡ 읽혀진다
짓다 + ~지다 ➡ 지어지다

read + be ➡ be read(과거분사)
build + be ➡ be built(과거분사)

read / build 바로 뒤에 위치해 (목적어 자리) 있던 명사(the magazine / the museum)가 **주어 자리로 그 위치를 바꿔 고정**된다.

| Practice

1 Movie stars are loved by teenagers.

해석 ◉ _____

2 이 드레스는 this dress 앙드레 김에 Andre Kim 의해 디자인되었다 design.

영작 ◉ _____

| Super Speaking

1단계 : 처음 우리말과 영문을 보면서 영어로 말해본다.
2단계 : 영문을 손으로 가리고 우리말만 보면서 완전한 영어로 말할 수 있도록 3~4회 반복한다.

 그 책은 많은 십대들에 의해 읽혀진다.

 The book is read by many teenagers.

우리말을
영 어 로
옮 기 기

 그 선생님은 많은 학생들에게 존경을 받는다.

The teacher is respected by many students.

 그 그림은 한 유명한 예술가에 의해 그려졌다.

The picture was painted by a famous artist.

 대부분의 쌀이 아시아에서 경작되고 소비된다.

Most rice is grown and consumed in Asia.

Including the earth, there are eight planets in the solar system. In the center of the solar system, there is the sun. It holds the planets together by the force of its gravity, and all the planets revolve around the sun. As well as the eight planets, there (A) are / is thousands of other smaller heavenly bodies, such as asteroids, comets, and meteors, which circle the sun. Some scientists believe that the planets and the sun were formed at the same time. However, others believe that the sun (B) was formed / formed first, and that a large thread of gaseous materials was drawn from another star when it approached the sun closely. Then this thread of materials separated into several pieces and they began to revolve around the sun. They are the planets.

The earth we are living on is one of a family of planets circling the sun. The earth, the largest rocky planet, was formed about 4.5 billion years ago. Scientists say that the earth was formed from condensed gaseous materials. The surface of the earth is usually made of rocks, and radioactive materials accumulate in these rocks. When these radioactive materials release heat, pockets of molten rock or magma are produced. Also the earth's surface is unique from the other planets because it is the only one with liquid water. Water helps to make surface features such as rivers, lakes and oceans.

The earth's interior is divided into four layers which is typical of rocky planets. It is cool on the surface but very hot deep inside the planet. The center, or core, is as hot as 9,000 degrees F. There is a layer (C) called / calling the crust. Beneath the crust, there is the mantle. The mantle is 18,000 miles thick with rock.

In addition, there are two cores. The outer core is about 1,350 miles thick, whereas the inner core is about 1,700 miles thick.

1 **What is the article mainly about?**
① information about the number of planets in the universe
② arguments between scientists about the earth's formation
③ size of the universe and other planets
④ description of the solar system and the earth's structure
⑤ estimated measurements of the earth

2 **What is the position of the sun in the solar system? Write the answer in English.**

_____

3 **Beneath the crust, there is a layer called the** _____.
① mantle   ② asteroid   ③ comet
④ volcano   ⑤ iron

4 (A), (B), (C)의 각 네모 안에서 어법에 맞는 표현을 골라 짝지은 것은?

	(A)	(B)	(C)
①	is	formed	called
②	is	was formed	calling
③	are	formed	called
④	are	was formed	calling
⑤	are	was formed	called

💡 Check Your VOCABULARY!

planet

gravity

revolve

asteroid

comet

meteor

form

thread

gaseous

approach

separate

billion

condense

surface

radioactive

accumulate

release

molten

unique

feature

typical

core

crust

mantle

WORD REVIEW

A Translate into English.

1 다양한 _____

2 뿌리 _____

3 머무르다 _____

4 환경 _____

5 형성하다 _____

6 빗방울 _____

7 혼합물 _____

8 제공하다 _____

9 명예 _____

10 전 세계의 _____

11 넓히다 _____

12 가치가 있는 _____

13 잠시 동안 _____

14 부족 _____

15 노력 _____

16 중력 _____

17 가르다, 분리하다 _____

18 잡다 _____

19 안의, 안쪽의 _____

20 행성 _____

B Translate into Korean.

1 harsh _____

2 without _____

3 run out _____

4 wash away _____

5 sunlight _____

6 rainbow _____

7 prism _____

8 split _____

9 courtesy _____

10 experience _____

11 regardless of _____

12 common _____

13 educate _____

14 aware _____

15 due to _____

16 gaseous _____

17 condense _____

18 accumulate _____

19 release _____

20 typical _____

C Choose the correct answers to each question.

1 Fruit peel contains _____ vitamins for our health.

① harsh   ② essential

③ conflict   ④ fulfill

2 What is needed to form a rainbow?

① water and cloud

② rain and torch

③ glass

④ sunshine and rain

3 In our _____, it is rude to ask someone how much they earn.

① communicate   ② culture

③ professional   ④ language

D Translate into English or Korean.

1 This book is difficult to study.

_____

2 There is a man who is looking for you.

_____

3 모든 사람들이 이 게임이 재미있는 것을 안다.
(know, game, fun)

Everybody _____.

4 이 건물은 1700년대에 지어졌다. (1700s, build)

This building _____.

E Choose the correct words to fill in the blanks.

1 The essays will be difficult _____ by tomorrow.

① completing   ② completed

③ to complete   ④ completion

2 _____ geese drinking in the park.

① There is   ② They be

③ Their   ④ There are

3 Tom _____ we should go with him.

① insisted that   ② insisting

③ insisted who   ④ insisting who

4 밑줄 친 부분에 유의하여 적절한 해석을 고르시오.
Sophia <u>was injured by</u> a car accident.

① Sophia는 교통사고를 냈다.

② Sophia는 운전 중 사람을 치었다.

③ Sophia는 본인 차량을 폐차시켰다.

④ Sophia는 교통사고로 부상당했다.

F Read and choose the correct synonym or antonym.

1 My wife and I were **divorced** in March last year. <synonym>

① changed   ② released

③ together   ④ separated

2 We dream of living in a **heavenly** place one day. <antonym>

① fantastic   ② comfortable

③ hellish   ④ universal

★ 다양하게 사용되는 that 어떻게 이해해야 하는가?

I can't *believe* **that she passed the exam**. 〈목적어〉 나는 그녀가 시험을 통과했다는 것을 믿을 수 없다.

That he is honest *is* true. 〈주어〉 그가 정직하다는 것은 사실이다.

The problem *is* **that I have no money**. 〈보어〉 문제는 내가 돈이 없다는 것이다.

★ 우리말에는 없는 현재완료 〈have + p.p.〉, 과거의 일이 현재에 어떻게 영향을 미칠까?

I **have** never **seen** anything like that before. 〈경험〉 나는 저렇게 생긴 것은 전에 본 적이 없다.

He **has known** her since last year. 〈계속〉 그는 그녀를 작년부터 알고 지냈다.

★ 명사의 동작을 설명할 때 명사 뒤에 쓰이는 현재분사 〈명사 + −ing〉

The man **sitting on the bench** *is* my uncle. 그 벤치에 앉아 있는 사람은 우리 삼촌이다.

The girl **reading a book** *is* my sister. 책을 읽고 있는 소녀가 나의 여동생이다.

1   다음 중 밑줄 친 that의 쓰임이 나머지와 <u>다른</u> 하나는?

① The trouble is that we don't have any money.

② She told me that she wanted to meet her boyfriend.

③ This computer is better than that one.

④ That God created the whole world is not clear.

2   다음 우리말에 맞게 빈칸을 채울 때 가장 적절한 것은?

We _____ English for three years. 우리는 3년 동안 영어를 배우고 있다.

① learn   ② learning
③ had been learned   ④ have learned

3   다음 괄호 안에서 어법에 맞는 것을 고르시오.

Who is the girl [played / playing] the piano?

Daily Assignment Book

Homeroom teacher : _____

공부습관의 최강자가 되라!

수업일		Contents (수업내용)	Homework (과제물)	Check (숙제검사)	
월	일			Done	Didn't do
월	일			Done	Didn't do
월	일			Done	Didn't do
나의 학습 아킬레스건	나의 취약 부분은?			Done	Didn't do
	해결 방법은?			Done	Didn't do
			Parent's Signature		

※ 학생들이 학원에서 공부한 내용입니다. 바쁘시더라도 관심을 갖고 확인해 주십시오.

What's In Trade Names?
회사이름 어떻게 지었을까? 그냥 아무렇게 만들었을까?

아디다스라는 브랜드는 우리나라에서도 매우 친근한 브랜드입니다. 10대 청소년들은 집에 한두 가지 정도는 이 제품이 있을 정도로 매우 인기가 많은 제품이죠. Adidas는 Nike, Reebok과 함께 세계 3대 스포츠 브랜드인데, 1920년대 독일의 작은 마을 Adolf Dassler가 가족들과 함께 수제화를 만들기 시작하던 것이 그 시초가 되었습니다. Adidas라는 명칭은 Adolf의 애칭인 Adi와 '성'인 Dassler의 앞 세 글자인 'Das'를 따서 만든 것입니다. 처음에는 트레이닝 전용화로 시작하였지만 점점 축구화나 테니스화 같은 신발까지 생산하기 시작했습니다. 아돌프는 당시 최고의 육상 스타인 제시 오웬즈를 찾아가 오웬즈에게 스파이크 달린 경기화를 경기 때 착용해 주길 요청했죠. 그의 성의에 감복한 오웬즈는 결국 승낙했고, 올림픽에서 4관왕이라는 대기록을 이루어냈습니다. 오웬즈가 신은 경기화 '다슬러 슈즈'는 전 세계의 이목을 집중시켰고, 이 상품은 불티나게 팔리기 시작했습니다. 1998년 프랑스 월드컵 공식후원사가 되면서 축구 이미지를 강화하여 열성적인 축구팬들을 공략했던 아디다스는 오늘날 유럽에서 가장 인기 있는 athletic shoes 공급업체가 되었습니다. 하지만 이에 만족하지 않고 Nike가 주도하는 미국 시장을 본격적으로 공략하는 등 아디다스는 이제 탈유럽 마케팅에 전력을 기울이고 있습니다.

Chapter 02

 단원 어휘

- [ ] while conj. ~하는 동안, 하지만
- [ ] wrist n. 손목, 손재주
- [ ] introduce v. 소개(도입)하다
- [ ] unfair a. 불공평한, 교활한
- [ ] public a. 공공의, 공립의
- [ ] deserve v. ~할 만하다, 값어치가 있다
- [ ] pile (up) v. 쌓이다, 모으다
- [ ] reasonable a. 논리적인, 적당한
- [ ] heal v. 고치다, 깨끗이 하다
- [ ] recently ad. 요즈음, 근래에
- [ ] tendency n. 경향, 풍조, 추세
- [ ] research n. 연구, 탐구, 조사
- [ ] organic a. 유기체의, 기관의
- [ ] tune n. 곡조, 가락, 조화
- [ ] record v. 기록하다, 녹음하다
- [ ] second thought 재고, 숙고
- [ ] inspire v. 격려하다, 영감을 주다
- [ ] waste v. 낭비하다, 놓치다
- [ ] succeed v. 성공하다, 뒤를 잇다

Mini Quiz

1 _____ oneself 자기소개를 하다

2 _____ treatment 불평등한 대우

3 in _____ 공공연히, 공중 앞에서

4 _____ attention 주목할 만하다

5 at a(n) _____ price 적당한 가격으로

6 a general _____ 일반적인 추세

7 _____ fertilizer 유기 비료

8 out of _____ 음조가 맞지 않는, 비협조적인

9 on _____ 다시 생각해 보니

10 _____ in solving a problem 문제를 해결하는데 성공하다

독해에 진짜 필요한 **Reading Skill**

요지가 뭐예요?

요지는 글 전체의 내용을 한 문장으로 요약해 놓은 것을 말한다. "전쟁은 되풀이 되지 말아야 한다." "가치관은 나이에 따라 변한다." 등 전체 내용을 요약한 한 문장이 바로 이 글의 요지가 된다. 주로 논설문이나 수필과 같이 필자의 주장이 잘 드러나는 글을 중심으로 출제된다. 모든 수능에 나오는 지문은 단 하나의 주제를 가지고 있다. 주제를 찾으면 그 주제를 요지와 일치시키면 정답이 되지만 최근에는 요지가 구체적으로 들어나 있지 않은 경우가 많이 출제되므로 글 전체를 통해 각 문장들 간의 공통점이나 반복되는 어구들에 유념하여 요지를 추론한다. 또는 작가가 그 글을 쓴 이유를 파악하여 요지로 설정한다.

<table>
<tr>
<td>요지 찾기
유형의
급소</td>
<td>

❶ 주제문이나 글의 결론 등 작가가 말하고자 하는 바를 한 문장으로 요약한 것이 요지이다. 작가가 전달하고자 하는 내용상의 핵심은 주제문을 통해서 표현되므로, 글의 앞부분 혹은 뒷부분에 주제문이 나오는 경우가 많다. 따라서 주제와 글의 결론에 유의해야 한다. 결론을 유도하는 연결사로는 So, Therefore, Hence, Thus, Finally, In the end, In conclusion, Consequently, As a consequence, As a result, Lastly 등이 있다. 이러한 연결사 부분에 요지가 담겨 있다. 특히 역접의 연결사 But, However와 같은 연결사 뒤에 요지가 나타나는 경우가 많다.

❷ 주제문이 겉으로 잘 드러나지 않는 경우는 각 문장 간의 공통점이 무엇인지 파악하여 이를 종합하여 추론하여 작가가 궁극적으로 주장하려는 내용이 무엇인가를 파악한다.

❸ 필자의 생각이나 태도를 파악한다. 글의 앞부분에서 일반적인 화제가 제시되고 나서, 중반 이후에 이에 대한 작가의 생각이나 견해가 나오는 경우가 많다.

</td>
</tr>
</table>

다음 글의 요지로 가장 적절한 것은? 기출문제

¹ An increasing emphasis on the value of time is changing consumers' behavior. ² A recent survey has found that shoppers want more time for themselves, and one way to get it is to spend less time shopping. ³ Because of this change, shop owners are changing store designs to make shopping and consumer service easier. ⁴ For example, to help busy shoppers race through the store, companies now display floor plans in many different places throughout the store. ⁵ Also, they have made their stores bigger to minimize time spent shopping.

① 새로운 상품을 찾는 소비자들이 늘고 있다.
② 청소년층을 겨냥한 매장이 증가하고 있다.
③ 소비자들의 구매 취향이 점차 다양해지고 있다.
④ 소득이 증가하면서 소비 욕구가 높아지고 있다.
⑤ 쇼핑 시간 단축을 위해 매장 설계가 바뀌고 있다.

[논리독해]

Key-word : 1+2 time

1 작가의 화제 제시
2 화제 제시에 대한 보충 부연 설명 (원인)
3 결과 제시 – 주제문 등장
4 주제문에 대한 구체적인 보충 설명(For example)
5 주제문에 대한 두 번째 보충 설명하면서 핵심 내용 재진술 (minimize time spent shopping)

수험생의 눈

보충, 부연의 단락구조를 이해하라. for example(instance), first, one이 있는 앞 문장은 주제, 요지가 될 수 있다. 독자가 더욱 쉽게 글을 이해하고 작가의 견해를 받아들이도록 필자의 주장과 설명을 특별한 사례나 정보의 예로 그 효과를 극대화시키는 경우이다. 예시로 글을 서술할 때, 그 예가 뒷받침해주는 중심생각과 핵심을 바로 앞에 서술하는 것은 당연하다.

손목시계의 발명

History

The first wristwatch was invented in 1790 by a watchmaker in Geneva, Switzerland. (a) He had gotten the idea while taking a walk in a park near his shop. (b) He saw *a young woman* holding her infant child with both her arms. (c) To make it easy for her to check the time, she had tied her pocket watch around her wrist. (d) Soon, he had made the first wristwatch in history. (e) The invention of the first wristwatch was inspired by the smart young mother.

1 **Choose the best place for the sentence given below.**

> The watchmaker ran back to his store and began working.

① (a)   ② (b)   ③ (c)
④ (d)   ⑤ (e)

2 **Write T if the statement is true or F if it is false.**
   (1) _____ The child tied her watch around her wrist.
   (2) _____ The watchmaker's shop was far from the park.
   (3) _____ The watchmaker got his idea from a young mother.

Check Your VOCABULARY!

| wristwatch | invent | watchmaker | take a walk |
| infant | tie | invention | inspire |

목적어 뒷자리에서 목적어의 동작을 나타내는 V-ing

⬇ 자리
We watched *the sun* rising over the sea.
　　　지켜봤다　　　X가　　Y하는 것을
우리는 태양이 바다 위로 **떠오르는 것**을 지켜봤다.
⬇ 자리
I saw *a man* crossing the bridge. 나는 한 남자가 다리를 **건너는 것**을 봤다.
봤다　　X가　　Y하는 것을

동사에 + ~ing를 붙인 'V-ing'가 우리말 '~는 것'이란 말이 되려면 정해진 자리에 들어가야만 가능하다. 지각동사(see, watch, hear...)와 함께 목적어 바로 뒷자리에 있을 때 '목적어가 ~하는 것(을) 보다/듣다'의 뜻이 된다. 목적어의 '행동이나 동작'을 나타내기 위해 목적어 바로 뒤에 'V-ing'를 쓰는 것이다. 이 자리를 목적격 보어라고 배웠다. 목적격 보어 자리에 동사원형을 쓰기도 하는데 목적어의 동작이 행하는 그 순간, 또는 진행 중인 순간을 보거나 들은 경우에는 'V-ing(현재분사)'를 쓴다.

우리말 '떠오르다'를 '떠오르는 것'으로 만들려면 단어 자체를 바꿔 '떠오르다 + ~것' ➡ '떠오르는 것'

영어는 rise + **~ing** ➡ ris**ing**
cross + **~ing** ➡ cross**ing**
rising/crossing이 '~는 것(을)' 표현하려면 반드시 '동사 + 목적어'에서 **목적어 바로 뒷자리**인 세 번째 자리에 반드시 있어야만 '~것(을)'이란 말을 나타낼 수 있다.

Practice

1 People felt *an earthquake* shaking the ground beneath their feet.

해석 ◯ ＿＿＿＿＿＿＿＿＿＿＿＿＿＿＿＿＿＿＿＿＿＿＿

2 나는 몇 명의 아이들이 some children 강에서 in the river 수영하는 것을 봤다 saw.

영작 ◯ ＿＿＿＿＿＿＿＿＿＿＿＿＿＿＿＿＿＿＿＿＿＿＿

Super Speaking
1단계 : 처음 우리말과 영문을 보면서 영어로 말해본다.
2단계 : 영문을 손으로 가리고 우리말만 보면서 완전한 영어로 말할 수 있도록 3~4회 반복한다.

 그녀는 얼굴이 빨개지는 것을 느꼈다.

She felt her face turning red.
우리말을 영어로 옮기기

 우리는 건물이 흔들리는 것을 느꼈다.

We felt the building shaking.

 나는 그녀가 기타를 연주하는 것을 들었다.

I heard her playing the guitar.

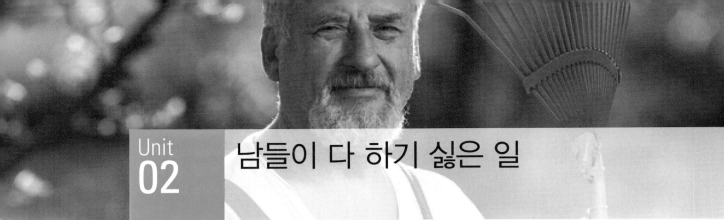

남들이 다 하기 싫은 일

Issue

Do you agree that people doing dirty work should get wages higher than now?

Cindy:　Everybody hates to do other people's dirty work. And dirty work can be physically challenging and dangerous. It is unfair that the people who clean public bathrooms, other people's houses, offices or streets are not paid well.

Michael:　The more difficult it is to be trained for a job, the more money you deserve. For instance, you should invest a lot of money and time until you become a medical doctor, not to mention that you should make an enormous effort. Therefore, it is reasonable that you make a lot of money once you finish your studies and become a doctor. But you don't need any real training to become a maid or a janitor.

Tom:　Suppose how smelly it will be if garbage piles up on the streets for a week. Then you will realize how important those workers are and why they should be paid higher.

1　Who answered the question in a positive way?

① Cindy　② Michael　③ Michael, Cindy　④ Cindy, Tom　⑤ Michael, Tom

2　Choose the sentence that best summarizes this paragraph.

① Michael wants to become a doctor but Cindy and Tom disagree with it.

② Each person has a different job and they're proud of it.

③ It is not so easy to earn money.

④ People should study harder to get fine jobs.

⑤ People are having a debate whether workers who do dirty jobs should be paid.

Check Your
VOCABULARY!

wage	physically	deserve	for instance
invest	medical	mention	enormous
reasonable	maid	janitor	suppose

It is + 형용사 + that 명사절

⬇ 자리
It is true that health *is* above wealth.
그것은 진실이다, 건강이 재산에 앞서다는 **것**은.

⬇ 자리
It is clear that we *should find* other alternative energy sources.
그것은 확실하다, 우리가 다른 대체 에너지 자원을 찾아야 한다는 **것**이.

'[That + 주어 + V(첫 번째 동사) ...] V(두 번째 진짜 동사)'처럼 문장 맨 앞에 That의 위치가 고정되어 있을 때 두 번째 진짜 동사 앞까지 끊어서 우리말 '~것은(이), ~라는 것, ~라고'의 뜻을 나타낼 수 있다. 두 번째 진짜 동사 앞의 주어 자리가 너무 길어 그 자리에 It을 쓰고 모두 뒤로 보낸다. It 뒤에 나오는 that도 똑같이 해석한다. 이를 가주어 진주어라 배운다.

(우리가) 찾아야 한다 + ~것
➡ (우리가) 찾아야 한다는 것

(We) should find~ + **that**
➡ **that** we should find ~

that이 주어와 동사를 데리고 우리말 '~것, ~라는 것, ~라고'의 뜻을 나타내려면 **반드시 문장 맨 앞자리** 또는 **It**이 나오고 다음에 **that**이 자리해 있을 때에만 그 뜻을 나타낼 수 있다.

Practice

1 It is strange that she came home so late at night.

해석 ○ _____

2 사람들이 예전보다 they did before 더 오래 사는 것은 live longer than 확실하다 be certain.

영작 ○ _____

Super Speaking

1단계 : 처음 우리말과 영문을 보면서 영어로 말해본다.
2단계 : 영문을 손으로 가리고 우리말만 보면서 완전한 영어로 말할 수 있도록 3~4회 반복한다.

 George가 수영하는 방법을 배운 것은 기적이다.

It is a miracle that George learned how to swim.
우리말을 영어로 옮기기

 손연재가 훌륭한 리듬 체조 선수라는 것은 사실이다.

It is true that Yeon-jae Son is a great rhythmic gymnast.

 흡연이 암을 유발할 수 있다는 것은 사실이다.

It is a fact that smoking can cause cancer.

Unit 03 플라시보 효과

Health

For centuries, there has been a tendency for us to think of health only in terms of physical bodies. The medical community did not look seriously at the possibility that our mind could play an important role in illness and healing. Recently, _____, there has been a lot of research that proves our mind affects illness and healing. A medical center reported that a larger portion of their patients were people who did not have an organic disease but were seeking psychological help. 기출

1 이 글의 요지로 가장 적절한 것은?

① 환자는 의사의 처방을 잘 따라야 한다.

② 의사는 병을 치료하는 데 보람을 느낀다.

③ 규칙적인 검진은 질병 예방에 필요하다.

④ 발병과 치유에는 환자의 심리적 영향이 크다.

⑤ 의학이 발달해도 언제나 새로운 질병이 나타난다.

2 Choose a phrase to fill in the blank.

① in addition

② in the end

③ as a result

④ however

⑤ for example

Check Your VOCABULARY!

tendency	in terms of	medical community	seriously
play a role in	illness	prove	affect
a large portion of	organic	seek	psychological

명사 뒤에 떡 하니 자리 잡은 관계대명사 that

⬇ **명사 뒷자리**
The man [that *will sing tonight*] is Kevin.
　　　　　　V1　　　　　　　　　V2

오늘 밤 **노래를 부를** 사람은 Kevin이다.

⬇ **명사 뒷자리**
Egypt is a country that *has many interesting histories*.
이집트는 재미있는 역사를 많이 **가진** 나라이다.

우리말은 '공부하다'를 '공부하는', '발명하다'를 '발명한/했던' 것처럼 단어 자체를 바꿀 수 있지만 영어는 절대로 그런 장치가 없다. 이런 말을 영어는 명사 바로 뒷자리에 that을 두어 표현한다. 물론 that은 '(S) + V'를 포함한 문장과 함께 명사 뒤에 자리한다. 이 자리에 고정이 되어 있을 때 that 안의 동사(V)가 '~하는, ~할, ~했던'의 뜻을 나타내며 앞에 있는 명사를 꾸며주는 관계사가 된다.

우리말 '부르다, 가지다'의 단어 자체를 바꿔 '부르는/부를, 가진/가지는'으로 만든다.

영어는 'that + (S) + V'를 반드시 명사 뒷자리에 위치시켜 우리말 '~하는, ~할, ~했던'의 말이 된다.

'부르는 사람, 가지고 있는 남자'처럼 우리말 '~하는, -ㄴ'은 반드시 뒤에 명사가 온다. 마찬가지로 영어도 명사 바로 뒷자리에 that을 두어 같은 역할을 하게 만든다.

Practice

1 The Beatles that changed music forever was the most famous rock'n'roll band in the world.

　해석 ◉ _____

2 서윤이는 Seo-yoon 그 비밀을 the secret 아는 know 유일한 소녀이다 the only girl.

　영작 ◉ _____

Super Speaking

1단계 : 처음 우리말과 영문을 보면서 영어로 말해본다.
2단계 : 영문을 손으로 가리고 우리말만 보면서 완전한 영어로 말할 수 있도록 3~4회 반복한다.

 John Pemberton은 코카콜라를 발명한 최초의 사람이었다.

 John Pemberton was the first man that invented Coca-Cola.

우리말을 영어로 옮기기

 내가 어제 봤던 그 여자는 귀신이었다.

The woman that I saw yesterday was a ghost.

 Julia와 얘기하고 있는 그 남자를 아니?

Do you know the man that is talking to Julia?

 우리가 어제 파티에서 만났던 그 소녀들은 정말 사랑스러웠다.

The girls that we met at the party were very lovely.

Curiosity

A long time ago, there was no _____. At that time, the songs people sang were what they made by themselves or what they had learned from other people. Once a song was made, it was passed along from one person to another. The song changed a lot after a while as people sang it in different ways. However, about nine hundred years ago, some Italian monks came up with an idea to write a tune or melody. They recorded the musical sounds simply by using lines and dots. These monks, thus, became the first known music composers.

1   **Choose the best phrase to fill in the blank.**
   ① folk song
   ② music hall
   ③ written music
   ④ singing group
   ⑤ instrument

2   **What is NOT mentioned in the paragraph?**
   ① Music was passed straight to the monks to record.
   ② Italian monks were the first to begin to write tunes or melodies.
   ③ In the beginning, people only sang and learned from each other.
   ④ Dots and lines were used by the monks to record music.
   ⑤ Italian monks were the first formal composers.

Check Your VOCABULARY!

| once | pass along | monk | tune |
| record | simply | dot | composer |

자리가 중요하지 않은 관계대명사 what

⬇ 진짜 동사(본동사)

What *history teaches us* is very important.
역사가 우리에게 가르쳐 주는 **것**은 매우 중요하다.

⬇ 진짜 동사(본동사)

When doing anything, just focus on what *you are doing*.
어떤 것을 할 때, 당신이 하고 있는 **것**에만 집중해라.

what은 명사절로 사용되어 문장에서 주어, 목적어, 보어 역할을 한다. 선행사 없이 단독으로 다닌다. what이 데리고 다니는 절 안의 동사를 우리말 '~것'으로 해석한다. what은 그 의미를 나타내기 위해 사용된 것으로 문법적으로 따지거나 형용사절로 고치는 연습은 정말 불필요하다.

주로 what이 문장 맨 앞자리에 오거나 문장 중간에 온다. what이 데리고 있는 동사가 우리말 '~것'으로 해석된다. 문장 맨 앞에 위치하는 what은 두 번째 진짜 동사 앞까지 끊어서 해석한다.

가르쳐 주다 + **~는 것** ➡ 가르쳐 주**는 것**
(S) teach ~ + **what** ➡ **what** (S) teach ~
(S가) teach 하**는 것**~

Practice

1 What is important is to bring a painting back 그림을 되돌리다 to an artist's original intent 예술가의 원래 의도.

해석 ◉ _____

2 시는 Poetry 우리에게 us with 우리 자신의 삶에서 in our own lives 잃어가고 있는 것 is missing 을 제공해준다 provides.

영작 ◉ _____

Super Speaking

1단계 : 처음 우리말과 영문을 보면서 영어로 말해본다.
2단계 : 영문을 손으로 가리고 우리말만 보면서 완전한 영어로 말할 수 있도록 3~4회 반복한다.

 Kelly는 그녀가 배우는 것은 절대 잊어버리지 않는다.

Kelly never forgets what she learns.

우리말을
영 어 로
옮 기 기

네가 정말로 필요한 것은 자신감이다.

What you really need is self-confidence.

 우리가 보고 들은 것을 믿을 수 없다.

We can't believe what we saw and heard.

 이 반지가 내가 어제 찾고 있던 것이다.

This ring is what I was looking for yesterday.

Unit 05

일단 한 번 해보자!

Science & Technology

(A)

To be successful in your life, all you have to do is to get started. You cannot win anything unless you begin something! And in order to begin, you must do something now. <u>Many people have negative images about themselves:</u> they don't think that they can succeed. However, don't wait until you're ready to make big decisions. If you do nothing and just wait, you'll never accomplish anything. For example, if you want to write a novel, don't waste your time and hope to get inspired someday. Simply open a notebook and hold a pencil. You may not have anything to write when you start, but pretty soon the inspiration will come.

(B)

(a) I want to describe the classical concert yesterday, which was one of the most intense experiences of my life. It was very enjoyable. (b) Especially the violinist was excellent! (c) I made up my mind to practice the violin until I can play like the violinist. (d) Actually, I first thought I would not be good at playing the violin no matter how hard I practiced. (e) However, on second thought, I decided to give myself a chance to learn to play the violin.

1 **What is the moral in the passages (A) and (B)?**

① Bad news travels fast.

② Beginning is half done.

③ Too many cooks spoil the broth.

④ Where there is smoke, there is fire.

⑤ When in Rome, do as the Romans do.

2 **Choose the sentence in the paragraph (B) that corresponds to the underlined <u>Many people have negative image about themselves</u> in paragraph (A).**

① (a)

② (b)

③ (c)

④ (d)

⑤ (e)

3 **According to the passages, what is the most important thing to have success in life?**

① Always practice hard.

② Read lots of novels.

③ Wait for a big opportunity.

④ Study hard at school.

⑤ Initiate something without hesitation.

Check Your VOCABULARY!

successful

unless

in order to

negative

decision

accomplish

novel

inspiration

intense

enjoyable

especially

make up one's mind

actually

no matter how

second thought

moral

correspond

WORD REVIEW

A Translate into English.

1 유아 _____

2 소개하다 _____

3 손목 _____

4 시계 제조업자 _____

5 투자하다 _____

6 의학의 _____

7 합당한, 정당한 _____

8 큰, 거대한 _____

9 진지하게 _____

10 증명하다 _____

11 ～에 영향을 주다 _____

12 찾다, 추구하다 _____

13 일단 ～하면 _____

14 곡, 가락 _____

15 작은 점 _____

16 기록하다 _____

17 부정적인 _____

18 이루다, 성취하다 _____

19 ～을 결심하다 _____

20 영감 _____

B Translate into Korean.

1 inspire _____

2 invention _____

3 while _____

4 tie _____

5 mention _____

6 suppose _____

7 deserve _____

8 janitor _____

9 medical community _____

10 play a role in _____

11 organic _____

12 psychological _____

13 pass along _____

14 monk _____

15 composer _____

16 instrument _____

17 enjoyable _____

18 moral _____

19 correspond _____

20 unless _____

C Choose the correct answers to each question.

1 The first _____ was invented in 1790 by a watchmaker in Geneva, Switzerland.

① wrist ② clock

③ wristwatch ④ infant

2 It is _____ to expect you to make a lot of money once you finish your studies and become a doctor.

① seriously ② enormous

③ medical ④ reasonable

3 Our minds can play an important role in _____ and healing.

① illness ② seek

③ organic ④ affect

D Translate into English or Korean.

1 I heard you calling my name.

_____

2 It is terrific that you got a job.

_____

3 그가 약속을 어긴 남자다. (that, broke, promise)
He is _____ .

4 네가 지금 듣고 있는 것이 내가 제일 좋아하는 노래다. (what, hear)

_____ is my favorite song.

E Choose the correct words to fill in the blanks.

1 It is _____ that you have to work on Christmas day.

① awful ② wonderful

③ inspire ④ surprise

2 I felt somebody tapping my shoulder. (해석 찾기)

① 나는 누군가가 내 어깨를 두드리는 것을 느꼈다.

② 누군가는 내가 어깨를 두드리는 것을 느꼈다.

③ 누군가가 자기 어깨를 두드리는 것을 느꼈다.

④ 나는 누군가의 어깨를 두드려 주었다.

3 The baby _____ was crying at the concert is John's baby.

① this ② these ③ that ④ those

4 _____ is a dress made by Designer Andre Kim.

① What ② You wear

③ What you're wearing ④ Wearing

F Match the meanings for each word.

1 tune **3** moral

2 inspiration **4** correspond

① a feeling which gives you new and creative ideas

② a series of musical notes that are pleasant and easy to remember

③ to have a close similarity or connection

④ principles and beliefs concerning right and wrong behavior

★ to부정사의 의미상 주어는 〈for + 목적격〉으로, to부정사 앞에 쓰면 된다.

It is unusual **for me** *to get up* early in the morning. 내가 아침에 일찍 일어나는 것은 드문 일이다.

To make it easy **for her** *to get* there, we drew a map.
그녀가 그곳에 쉽게 갈 수 있게 하려고 우리는 지도를 그려 주었다.

★ 재귀대명사 관용표현 중 〈by oneself〉는 '혼자서'라는 뜻이다. '혼자 힘으로'를 뜻하는 〈for oneself〉와는 구별해야 한다.

She did her homework **by herself** because her friend didn't come.
그녀는 그녀의 친구가 오지 않아서 혼자 숙제를 했다.

I went to grandmother's house **by myself**. 나는 혼자서 할머니 댁에 갔다.

★ to부정사의 부사적 용법 중 많이 쓰이는 '~하기 위하여'라는 목적을 나타내는 예문을 살펴보자.

I went to a department store **to meet** my friend. 나는 친구를 만나기 위해 백화점에 갔다.

I want to go abroad **to study** English. 나는 영어를 공부하기 위해 외국에 가고 싶다.

1 다음 주어진 표현이 들어갈 알맞은 곳은?

[for us]

It is (①) important (②) to check (③) the time (④) when we take the test.

2 다음 to부정사의 쓰임 중 <u>다른</u> 하나는?

① I slept for 10 hours <u>to get rid of</u> fatigue.

② He threw a party <u>to surprise</u> his girlfriend.

③ I didn't mean <u>to hurt</u> you.

④ We went to the store <u>to buy</u> a jar of jam.

3 다음 밑줄 친 <u>myself</u>의 쓰임 중 <u>다른</u> 하나는?

① I have to do it by <u>myself</u>.　　② I love <u>myself</u>.

③ I ate dinner by <u>myself</u>.　　④ I cleaned my room by <u>myself</u>.

Daily Assignment Book

Homeroom teacher : _____

공부습관의 최강자가 되라!

수업일		Contents (수업내용)	Homework (과제물)	Check (숙제검사)	
월	일			Done	Didn't do
월	일			Done	Didn't do
월	일			Done	Didn't do
나의 학습 아킬레스건	나의 취약 부분은?			Done	Didn't do
	해결 방법은?			Done	Didn't do
			Parent's Signature		

※ 학생들이 학원에서 공부한 내용입니다. 바쁘시더라도 관심을 갖고 확인해 주십시오.

Why Do Small Paper Cuts Hurt More Than Bigger Cuts?
왜 종이에 벤 작은 상처가 큰 상처보다 더 아픈 걸까요?

가끔 새 책을 사서 뿌듯한 마음으로 무심코 책을 읽다가, 또는 열심히 일하다가 나도 모르게 종이에 손을 베는 경험을 누구나 한 번씩 해보았을 것입니다. 특히 종이가 너무 빳빳해서 손을 베는 경우가 많은데, 상식적으로 칼로 벤 상처가 더 아파야 하는데, 연필을 잡아도 아프고, 물만 조금 닿아도 쓰라리고, 도대체 요 쬐그만 상처가 왜 이렇게 아프고 쑤시는 걸까요? 아마도 종이에 벤 작은 상처가 큰 상처보다 더 신경 쓰이고 짜증이 나기 때문일 것입니다. 왜 피도 나지 않는 그런 하찮고 가벼운 상처가 그리도 통증이 큰 걸까요? 우리 손가락에는 신경 말단부분이 피부 표면 가까이에 있기 때문이라고 합니다. 우리의 손에는 거의 어떤 신체 부위보다 더 신경 말단 부분이 많이 있습니다. 종이에 벤 상처는 이 신경 말단 부분을 자극하여 손상을 주지만, 그리 큰 상처를 내지는 않습니다. 그래서 사람들은 대부분 더 깊이 베였을 때만큼 종이에 벤 상처를 치료하지 않아도 된다고 생각하고 경향이 있습니다. 종이에 벤 상처에 밴드에이드를 붙인다고 해서 상처가 더 빨리 아물지는 않겠지만, 상처 부위를 촉촉하게 유지하면 통증을 덜 수 있다고 합니다.

Chapter 2   **45**

Chapter
03

 단원 어휘

- ☐ survive v. 살아남다, 견디다
- ☐ notice n. 통지 v. 주의하다
- ☐ comprise v. ~로 구성되다
- ☐ traditional a. 전통의, 고풍의
- ☐ whole a. 전체의, 정원의
- ☐ own a. 자기 자신의, 고유한
- ☐ commercial a. 상업상의 n. 광고
- ☐ throughout ad. 도처에, ~동안 내내
- ☐ value n. 가치, 가격
- ☐ whereas 반면에
- ☐ operate v. 작동하다
- ☐ reflect v. 반사하다
- ☐ means n. 방법, 수단
- ☐ tempt v. 유혹하다, 부추기다
- ☐ appearance n. 외모, 출현
- ☐ deal v. 다루다 n. 거래
- ☐ housing n. 주거, 주택
- ☐ sudden a. 돌연한, 갑작스러운
- ☐ require v. 요구하다, 필요로 하다
- ☐ concentrate v. 집중하다, 모으다

Mini Quiz

1 _____ the plane crash 비행기 추락 사고에서 살아남다

2 _____ his new hair style 그의 새 머리 스타일을 알아채다

3 a cultural _____ 문화적 가치

4 TV _____ 텔레비전 광고

5 make up your _____ mind 너 자신의 마음을 결정하다

6 _____ a computer 컴퓨터를 작동하다

7 The offer _____ me. 그 제안에 마음이 끌렸다.

8 judge by _____ 외모로 판단하다

9 make a(n) _____ with the company 그 회사와 거래를 성사시키다

10 _____ in class 수업시간에 집중하다

독해에 진짜 필요한 **Reading Skill**

제목이 뭐예요?

어떤 글을 읽든지 간에 그 글의 제목을 먼저 보게 된다. 이 제목은 글 전체를 나타내는 어구나 문장을 말한다. 제목에는 2가지 종류가 있는데 첫째는 독자의 관심을 끌기 위한 제목으로 '우리 생에 최고의 순간'처럼 독자나 관객의 관심을 끌기 위한 것이므로 제목으로 그 내용을 알 수 없기 때문에 수능에는 출제되지 않는다. 정보를 위한 제목이 수능에 출제 되는데, '학교의 미래'라고 하면 독자는 이 글이 어떤 내용인지 먼저 예상할 수 있게 된다. 제목으로 인해 글의 내용을 짐작하거나 내용을 알 수 있는 단서가 되므로, 글을 쓰는 작가의 입장에서는 글을 의도된 방향으로 이끌어 갈 수 있는 길잡이가 되어 준다. 이러한 유형이 수능에 출제된다.

제목 찾기 유형의 급소	❶ 모든 수능에 나오는 지문(paragraph)은 단 하나의 주제를 가지고 있다. 제목은 주제와 거의 동일하지만 주제보다는 좀 더 포괄적이고 함축적으로 표현하려는 것이 제목이다. 따라서 제목을 설정할 때는 주제문을 찾아서 그 주제문의 내용을 함축적으로 표현한 것을 고르면 된다. 만약 주제문이 지문의 어디에도 명쾌하게 나타나지 않는 경우에는 각 문장의 반복되는 핵심 Key-word를 찾아 그것이 포함된 함축적인 표현을 제목으로 고른다. 이러한 중심 어휘나 표현이 답지에서 가장 잘 드러낸 것을 제목으로 고른다. ❷ 선택지를 먼저 읽어야 한다. 주제 파악과 마찬가지로 각각의 답지를 제목으로 작가가 어떤 글을 써 내려갈지를 미리 예상하며 주어진 글을 읽는다. ❸ 주제는 비유적이고 상징적인 표현으로 나타낼 수 있으므로 이를 염두에 두고 답을 찾는다. ❹ 어느 글의 한 부분에만 해당되는 것을 제목으로 골라서는 안 된다. 또한 너무 지나치게 지엽적이거나 포괄적인 것도 피해야 한다. 항상 처음 1~2문장에서 핵심어를 찾고 중간과 마지막에도 그 핵심어를 중심으로 주제가 반복되는지를 확인해야 한다.

다음 글의 제목으로 가장 적절한 것을 고르시오. 기출문제

¹ A small number of people have recognized the value of wild plants in Korea. ² They are fascinated by the beauty of these plants and have been motivated to conserve them after discovering the tragic realities these plants face. Because of indifference to and destruction of their natural habitats, some wild plants confront an uncertain future. Given this situation, these people have striven to conserve the wild plants growing in Korea. ³ They have taught the public to value plant species and launched efforts to preserve wild plants for generations to come. Thanks to their efforts, more Koreans now understand the full value of their precious wild plants.

① Wild Flowers of the World
② Types of Rare Species in Korea
③ How Koreans Grow Rare Flowers
④ Conserving Wild Plants in Korea
⑤ Wild Plants: The Beauty of Nature

[논리독해]

Key-word : 1, 2, 3 wild plants

1 작가가 화제를 제시

2 야생 식물들을 보존하기 위한 노력이 열거됨

3 그 노력에 대한 결론

수험생의 눈

▶ 선택지를 보고 flowers, rare species, 그리고 wild plants의 핵심어를 고른다.

▶ 핵심어(key-world)가 wild plants로 정해졌다면 ①, ②, ③은 정답 후보에서 제외시킨다.

▶ 본문에서 ④ conserving과 어울리는지 ⑤ the beauty of nature와 어울리는지를 살핀다.

▶ 2에서 conserve가 2번 그리고 preserve가 있다.

단락의 전개 방식

화제(main idea) 제시
➡ 열거, 나열 ➡ 결론

아직도 원시인이 존재하나요?

World

Approximately forty years ago, two naked men were seen in a dense forest in the southern Philippine Islands. The only thing each man was wearing was a small leaf. A hunter who came upon these two men noticed that they were looking for food without any tools except wooden sticks. These men were members of a small tribe, which was comprised of only twenty-five people. Who were these people? They called themselves the Tasaday. The caves they were living in were completely protected by the jungle, so those caves could not be noticed even from a few yards away. The Tasaday knew nothing about the world outside of their jungle. They did not even know how to hunt or plant crops. How could have they survived for so long without being discovered? They had wild berries, bananas, small fish and frogs for food. However, they could make fire and use it to cook food. The Tasaday had survived 50 thousand years with their traditional way of life.

1   **Choose the best title for this paragraph.**
    ① The Tasaday's Food and Shelter   ② Changing Customs of the Tasaday
    ③ A Hunter in the Philippine Islands ④ Stone-age People in the 21st Century
    ⑤ Reasons for the Tasaday's Disappearance

2   **Choose the sentence that best explains the Tasaday in this paragraph.**
    ① They farmed.
    ② They didn't know anything about the outside world.
    ③ They didn't know how to use fire.
    ④ They ate mostly vegetables.
    ⑤ They were good hunters

Check Your
VOCABULARY!

approximately	dense	notice	look for
tribe	comprise of	Tasaday	completely
protect	crop	discover	traditional

관계사 생략

명사　　　　명사　　동사
These are the comic books my friend gave me.
이것들은 내 친구가 나에게 준 만화책이다.

명사　　명사　　동사
The movie I saw yesterday was not worth the money.
내가 어제 본 그 영화는 돈이 아까웠다.

우리말은 '내가 어제 본 그 영화'처럼 명사인 영화를 주어(내가) 동사(보았던)가 앞에서 뒤에 있는 명사를 꾸민다. 이 때 우리말은 '봤다'를 '본/봤던'처럼 '~하는(했던)'의 말을 붙여 단어 자체를 바꾼다. 영어는 우리말 '~하는, ~했던'의 말을 명사 바로 뒷자리에 어떤 말들이 고정되어야만 그 말을 의미를 나타낼 수 있다. 따라서 명사 바로 뒤에 '명사와 동사'가 연이어 나온다면 주어 동사가 데리고 있는 문장이 앞에 있는 명사를 꾸며주며 우리말 '~하는, ~했던'의 뜻으로 결정된다. 이때 명사와 명사 그 사이에 관계대명사 that/which/who(m)가 생략되어 있다. 관계대명사가 목적격으로 쓰일 때 관계대명사를 생략할 수 있다고 배웠다.

내 친구가 **주다** 책 + **~하는**
➡ 내 친구가 **준** 책'
내가 **봤다** 그 영화 + **~했던**
➡ 내가 **본(봤던)** 그 영화
우리말 동사 '주다, 봤다'를 단어 자체를 바꿔 '준/주었던, 본/봤던'으로 고칠 수 있다.

영어는 반드시 명사 뒤에 자리하여
my friend gave + ~ 하는
➡ 명사 + **my friend gave**

| Practice

1　Anything you donate will be very helpful for the poor people.

해석 ◯ _____

2　지난밤에 last night 읽은 그 이야기는 the story 매우 무서웠다 very horrible.

영작 ◯ _____

| Super Speaking
1단계 : 처음 우리말과 영문을 보면서 영어로 말해본다.
2단계 : 영문을 손으로 가리고 우리말만 보면서 완전한 영어로 말할 수 있도록 3~4회 반복한다.

 그녀는 내가 만나기를 원했던 여자가 아니다.

She is not the woman I wanted to meet.
우리말을 영어로 옮기기

 우리가 어제 만났던 그 이상한 소녀는 귀신이었다.

The strange girl we met yesterday was a ghost.

 네가 잃어버린 네 스마트폰 찾았니?

Have you found your smartphone you lost?

Unit 02

그린 하우스가 뭔가요?

Curiosity

Greenhouses, of which roofs and walls are built with glass or plastic, are often called hothouses or, in Europe, glasshouses. Because the temperature, light, and moisture can be controlled in greenhouses, many different kinds of plants or vegetables can grow in there throughout the whole year. In the outdoors, it is impossible to control these things. Nowadays you may see greenhouses all around the world. The reason why people build greenhouses is because they can grow vegetables or plants any time of the year. Many large greenhouses, which grow vegetables, are commercial ones. However, there are also small greenhouses which people build to grow their own vegetables.

1   **What is another name for a greenhouse?**
   ① vinyl house   ② plastic house
   ③ hothouse   ④ home garden
   ⑤ castle

2   **Which details are NOT included in the underlined words 'these things'? (2 answers)**
   ① temperature   ② light
   ③ moisture   ④ the roof and walls
   ⑤ plants

Check Your
VOCABULARY!

| greenhouse _____ | temperature _____ | moisture _____ | control _____ |
| throughout _____ | outdoors _____ | nowadays _____ | commercial _____ |

가주어 It과 함께 쓰이는 to부정사

⬇ 자리
To love and to be loved is the greatest happiness.
= It is the greatest happiness to love and to be loved.
사랑하는 것과 사랑 받는 것은 가장 큰 행복이다.
⬇ 자리   ⬇ 자리
It is difficult to live without a computer nowadays.
요즘 컴퓨터 없이 사는 것은 어렵다.

영어는 to live, to love만 보고 이것들이 우리말 '~는 것'을 나타낸다는 것을 절대 알 수 없다. 그 말을 표현하려면 정해진 자리에 들어가야만 하는데 동사 앞인 주어 자리, 즉, 문장 맨 앞자리에 들어갈 때에만 '~는 것'의 뜻이 된다. 이 때 주어는 필연적으로 길어지는데 영어는 주어가 길어지는 것을 정말 싫어하므로 사전적 의미가 크지 않은 It을 쓰고 전부 뒤로 보낸다. 따라서 문장의 시작이 It이면 중간에 to부정사 또는 that 명사절이 나오게 된다. 뒤로 간 to부정사도 It 다음에 나오는 자리로 보고 '~는 것'의 뜻이 된다.

사랑하다 + ~는 것 ➡ 사랑하는 것
살다 + ~는 것 ➡ 사는 것
우리말은 말 자체 토씨를 바꿔 '사랑하는 것, 사는 것'처럼 바꿀 수 있지만 영어는 절대 그런 장치가 없다.

영어는 정해진 자리에서만 '~는 것'이란 표현을 하는데 동사 love, live 앞에 to를 붙여 문장 맨 앞자리와 동사 바로 뒷자리 그리고 문장 맨 앞에 It이 나오고 중간에 to부정사가 있을 때에 '~는 것/~기'가 된다.

Practice

1 It is not easy to make a speech in English.

해석 ◐ _____

2 다른 나라들로 to other countries 여행하는 것은 중요하다.

영작 ◐ _____

Super Speaking
1단계 : 처음 우리말과 영문을 보면서 영어로 말해본다.
2단계 : 영문을 손으로 가리고 우리말만 보면서 완전한 영어로 말할 수 있도록 3~4회 반복한다.

 네가 다른 사람의 충고를 듣는 것이 필요하다.

It is necessary for you to listen to other people's advice. 우리말을 영어로 옮기기

 외국어를 배우는 것은 중요하다.

It is important to learn a foreign language.

 오염 문제를 해결하는 것은 쉽지 않다.

It is not easy to solve the problem of pollution.

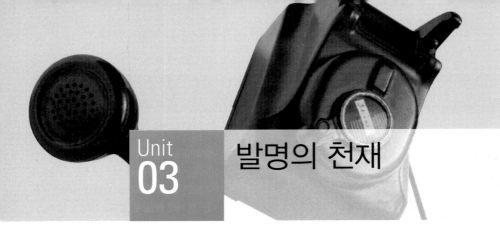

Human

Everyone knows that the first telephone was invented by Alexander Graham Bell. But not many people know that the telephone was not his only invention. Four years after inventing the telephone, he invented the photophone. Whereas the telephone used electricity to carry sound through wires, the photophone used a beam of light that traveled through the air to carry sound waves. To operate the photophone, Bell spoke close to a mirror that was built to reflect sunlight. The vibrations of his voice vibrated the mirror, and the vibrating mirror caused the reflected light to vibrate. The receiver was made to change the vibrations of the light into electrical signals, and the earphone changed the electrical signals back into _____.

1   **Choose the best word to fill in the blank.**
   ① letters   ② music   ③ memory
   ④ sounds   ⑤ numbers

2   **Which phrase expresses the paragraph best?**
   ① The invention of the telephone and the operation of the photophone
   ② Biography of phones and how to operate electrical signals
   ③ How to operate the telephone or photophone
   ④ Discovery of sunlight reflection
   ⑤ The speed of sound waves

Check Your VOCABULARY!

invent	photophone	whereas	electricity
wire	beam	operate	close to
reflect	vibration	receiver	signal

문장 맨 앞에서 '~위하여'를 나타내는 to부정사

⬇ **문장 맨 앞자리**   ⬇ **주어 등장**
To make good friends, you must first be a good friend.
좋은 친구를 사귀기 **위하여**, 너는 먼저 좋은 친구가 되어야 한다.

⬇ **문장 맨 앞자리**   ⬇ **주어 등장**
To travel all over the world, you need to understand English.
전 세계를 여행하기 **위하여** 너는 영어를 이해해야 한다.

우리말에도 '~하기 위하여'란 말을 실생활에서 많이 쓰듯이 영어도 그러하다. 문장 맨 앞자리에 to부정사가 자리하고 있을 때 '~는 것(은)'의 뜻을 나타낸다. 이때는 동사 앞자리인 주어 자리에 있을 때이다. 이미 문장의 주어와 동사가 있는데, 그 주어 앞에 쉼표로 분리되어 to부정사가 왔을 때는 부사구로 쓰여 우리말 '~(하기) 위하여'를 나타내기 위해 이 자리에 온다.

여행하다 + ~ 위하여 ➡ 여행하기 **위하여**
사귀다 + ~ 위하여 ➡ 사귀기 **위하여**
우리말은 단어 자체를 바꿔 표현.

영어는 정해진 자리에서만 '~위하여'를 나타낸다. 영어에서 in order to는 무조건 '~위하여'의 뜻인데 in order를 생략하고 to부정사만 사용한다. 문장의 주어 앞에 쉼표로 분리되어 맨 앞자리에 있을 때 즉, 주어 앞자리에 고정이 될 때 to make, to travel이 '~위하여'의 뜻을 표현한다.

▎Practice

1 To learn a language well, you have to make the best use of the Internet.

해석 ◯ _____

2 여자 친구를 위한 for his girlfriend 선물을 사기 위하여 to buy a gift, Dennis는 백화점에 갔다 went to the department store.

영작 ◯ _____

▎Super Speaking

1단계 : 처음 우리말과 영문을 보면서 영어로 말해본다.
2단계 : 영문을 손으로 가리고 우리말만 보면서 완전한 영어로 말할 수 있도록 3~4회 반복한다.

 영화를 보기 위하여 나는 친구에게 전화했다.

To see a movie, I called my friend.

우리말을
영 어 로
옮 기 기

질문을 하기 위해서, 몇몇 학생들은 손을 들었다.
To ask a question, some students raised their hands.

 철학을 이해하기 위해서, 당신은 열린 마음과 추상적인 사고를 가져야만 한다.
To understand philosophy, you must have an open and abstract mind.

 대학에 들어가기 위하여, 수지는 열심히 공부한다.
To enter university, Su-ji studies hard.

Life

People in the advertising business are always trying every means to tempt consumers to buy products. In some commercials, famous actors appear as doctors to sell cold medicines. Some other commercials employ charts or graphs to convince us that their products are better than others. In addition, there are some ads which make us think that our lives will be improved if we have the products they advertise. For instance, some commercials that advertise mattresses say that we will feel happier the next day if we sleep on a certain kind of mattress. Some other ads say that we will regret it if we don't buy their products immediately. They say, "Don't miss this chance! You won't have this deal tomorrow."

1 Choose the best title for this paragraph.
① The History of Advertisements ② Positive Effects of Advertisements
③ Some Advice for Smart Shopping ④ The Importance of Advertisements
⑤ Various Techniques of Advertisements

2 What is the goal of advertising?
① to make us think that their products will improve our lives
② to criticize other products by comparing
③ to explain their products and tempt consumers to buy them
④ to make consumers regret it if they don't purchase the products quickly
⑤ to sell products to a select few individuals

Check Your
VOCABULARY!

tempt	consumer	commercial	employ
convince	product	in addition	improve
advertise	regret	immediately	deal

〈전치사 + 명사〉로 이루어진 전명구

In a little town, there lived a ghost.
작은 마을에 귀신이 살았었다.

⬇ **명사 뒷자리**

The prisoners **on the bus** are very dangerous criminals.
그 **버스에 있는** 죄수들은 매우 위험한 죄수들이다.

한국어는 명사를 꾸며주는 말이 모두 명사 앞에 자리하여 모든 꾸며주는 말에 '~하는, ~있는, ~는'의 말의 어미를 고쳐 말을 한다. 영어는 명사를 꾸미는 명사 바로 뒷자리에 둘 때만 형용사 어미인 '~(있)는'의 말을 나타낼 수 있다. '전치사 + 명사'가 명사 뒤에 떠나 자리하고 있을 때 '~있는'의 뜻으로 앞에 명사를 꾸며준다. 앞에 명사를 꾸며주는 형용사 역할을 한다하여 형용사구라 부르고 앞자리에 명사가 없는 '전치사 + 명사'를 부사구라 부른다.

대부분의 '전치사 +명사'는 전치사 의미를 살려 '~로, ~에'의 뜻.
버스에 + **~있는** ➡ 버스에 **있는** 죄수들

한국어는 명사 앞에 있는 모든 말은 '~하는, ~ㄴ(니은)'으로 말의 어미를 모두 바꿔 명사를 꾸며준다.

영어는 명사 바로 뒷자리에 '전치사 + 명사'를 위치시켜 자리값을 가질 때 '~있는'의 뜻을 나타낼 수 있다.

Practice

1 A dead body was found in the basement of their house.

해석 ◐ _____

2 푸른 자켓을 입은 in a blue jacket 소년이 길을 the road 건너고 있다 cross.

영작 ◐ _____

Super Speaking
1단계 : 처음 우리말과 영문을 보면서 영어로 말해본다.
2단계 : 영문을 손으로 가리고 우리말만 보면서 완전한 영어로 말할 수 있도록 3~4회 반복한다.

 내 사전에 불가능이란 없다.

The world 'impossible' is not in my dictionary.
우리말을 영 어 로 옮 기 기

 내가 어렸을 때, 나는 시골에 살았다.

When I was young, I lived in the country.

 옆집에 있는 가족은 이사 가기를 원한다.

The family in the next house wants to move away.

 자전거를(에) 타고(있는) 있는 저 소녀는 누구니?

Who is the girl on the bicycle?

Unit 05　꼭! 대학을 서울로 가야 할까?

Teen Life

(A)

Some people who graduate from high school go to colleges which are far from their houses. Since most of them are still very young, they may have a hard time if they have to live apart from their families all of a sudden. _____, their parents are sometimes worried about housing and traffic expenses. However, students who decide to go to a community college can live with or near their families and save a lot of money, since almost every county has more than one community college.

(B)

University students are offered many kinds of events and parties at school. Therefore, students sometimes have difficulty to concentrate on their studies. Meanwhile, community colleges usually do not offer as many extracurricular activities as universities do, so community colleges may be a better environment for serious study. _____, libraries at community colleges may be more adequate for specialized fields of studies, which are required in our society, even though they are often not as large as those at universities.

1   **Choose a title that is appropriate for both of the paragraphs.**

① Variety in University Life

② The Importance of Higher Education

③ Advantages of Community Colleges

④ Difficulties of Choosing a Good Job

⑤ Differences between High School and College

2   **Choose the best expression to fill in the two blanks.**

① In addition

② As a result

③ For example

④ In other words

⑤ On the contrary

3   **Write T if the statement is true or F if it is false.**

(1) _____   Community college students get better results than university students.

(2) _____   There are many advantages of going to a community college.

(3) _____   Universities have an excellent environment in which to study.

4   **Write the advantages of going to a community college. Write in English.**

_____

WORD REVIEW

A Translate into English.

1 알아차리다 _____

2 완전히, 완벽하게 _____

3 발견하다 _____

4 ~을 구성하다 _____

5 온실 _____

6 온도 _____

7 조절(관리)하다 _____

8 야외에서 _____

9 광선, 빛 _____

10 수화기 _____

11 광선전화 _____

12 신호 _____

13 사용하다, 쓰다 _____

14 광고하다 _____

15 즉시, 즉각 _____

16 확신시키다 _____

17 갑자기 _____

18 알맞은 _____

19 전문화하다 _____

20 집중하다 _____

B Translate into Korean.

1 dense _____

2 traditional _____

3 look for _____

4 approximately _____

5 commercial _____

6 moisture _____

7 throughout _____

8 nowadays _____

9 invent _____

10 operate _____

11 reflect _____

12 vibration _____

13 consumer _____

14 product _____

15 in addition _____

16 apart from _____

17 extracurricular _____

18 require _____

19 expense _____

20 meanwhile _____

C Choose the correct answers to each question.

1 Two naked men were seen in a _____ forest in the southern Philippine Islands.

① sparse   ② dense

③ traditional   ④ common

2 The reason why people build greenhouses is because _____.

① greenhouses are very cold inside

② greenhouses are very big inside

③ people can live in greenhouses any time of the year

④ people can grow vegetables in greenhouses any time of the year

3 What is **NOT** a benefit of going to a community college?

① You can save money on housing.

② You can save money on traffic expenses.

③ You can go to many kinds of events and parties at school.

④ You can concentrate on your studies.

D Translate into English or Korean.

1 This is the book she talked about.

_____

2 네가 읽었던 그 책은 나의 할아버지가 쓰신 책이다. (that, read, was written, the book)

_____

E Choose the correct words to fill in the blanks.

1 It is impossible _____ him again.

① to see   ② saw

③ will see   ④ have seen

2 I will buy you anything you want. (해석 찾기)

① 나는 네가 원하는 무엇이든 사줄게.

② 네가 원하면 무엇이든 살 수 있어.

③ 나는 네가 원하는 무엇이든 사줄 수 없어.

④ 내가 사주는 것은 네가 원하던 것이야.

3 The man _____ is my father.

① wears glasses   ② wore glasses

③ glasses   ④ that is wearing glasses

4 A teacher went _____.

① classroom   ② into the classroom

③ the classroom   ④ into

F Write the proper words in the blanks.

1 consume : consumer

= _____ : advertiser

2 complete : completely

= approximate : _____

3 vibrate : vibration

= _____ : operation

4 indoor : outdoor

= dryness : _____

SENTENCE REVIEW

★ 명사 역할을 하는 〈what + to부정사〉는 동사 '앞, 뒤'에 위치하여 명사구 역할만을 한다.

I can't decide **what to wear** today. 나는 오늘 무엇을 입을지 결정하지 못했다.

I don't know **what to do**. 무엇을 해야 할지 나는 잘 모르겠다.

★ 관계대명사 which절은 앞에 나온 명사(선행사) 즉, '사물, 동물, 식물'을 수식한다.

I like cars **which are made in Italy**. 나는 이탈리아에서 만들어진 차를 좋아한다.

The house **which was built by my grandfather** is very old. 할아버지가 지으신 그 집은 매우 낡았다.

★ 관계대명사 who절은 앞에 나온 명사(선행사) 즉 '사람'을 수식한다.

The girl **who is wearing pink shoes** is my little sister. 분홍색 신을 신고 있는 소녀가 내 어린 여동생이다.

This is my aunt **who took care of me** when I was young. 이분이 내가 어렸을 때 나를 돌봐주셨던 이모다.

1 다음 괄호 안에서 어법에 맞는 것을 고르시오.

My mom always worries about [what to eat / to eat] for dinner.

2 다음 중 어법에 <u>틀린</u> 부분을 찾아 바르게 고치시오.

<u>Is</u> <u>that</u> the girl <u>which</u> <u>likes</u> you?
① ②   ③   ④   _____

3 다음 밑줄 친 <u>which</u>의 쓰임 중 다른 하나는?

① I like doughnuts <u>which</u> are very sweet.

② <u>Which</u> is your book?

③ The book <u>which</u> was written by him is very popular.

④ Look at the book <u>which</u> is on the table.

Daily Assignment Book

Homeroom teacher : _____

공부습관의 최강자가 되라!

수업일		Contents (수업내용)	Homework (과제물)	Check (숙제검사)	
월	일			Done	Didn't do
월	일			Done	Didn't do
월	일			Done	Didn't do
나의 학습 아킬레스건	나의 취약 부분은?			Done	Didn't do
	해결 방법은?			Done	Didn't do
			Parent's Signature		

※ 학생들이 학원에서 공부한 내용입니다. 바쁘시더라도 관심을 갖고 확인해 주십시오.

Why Is Garlic Believed to Repel Vampires?
왜 사람들은 마늘이 흡혈귀를 물리친다고 생각하죠?

매년 여름에는 항상 끊임없이 등장하는 귀신 얘기와 공포영화, 더위를 잊기 위해 공포영화만큼 인기 있는 것도 없는 듯합니다. 하지만 여러분들이 가끔 드라큘라가 나오는 서양영화를 볼 때면 절대 죽지 않는 용감한 주인공이 흡혈귀와 싸울 때 마늘과 십자가를 사용하는 것을 본 적이 있을 겁니다. 정말로 흡혈귀가 마늘을 무서워하기는 하는 건가요?

영화에서 보면 뱀파이어가 햇빛, 십자가, 그리고 특히 마늘을 무서워하는데, 마늘이 흡혈귀를 물리친다는 생각은 마늘 상인들 때문에 시작된 듯해 보입니다. 이 상인들은 전 유럽을 휩쓸어버린 흑사병에 걸리지 않는 것 같았기 때문이었습니다. 흑사병은 무차별적으로, 아이든, 어른이든, 여자든, 돈이 많든 적든지 간에 모두 휩쓸어갔지만, 이상하게도 어떤 이유에서인지 마늘 상인들의 발병률은 낮았다고 합니다. 그 당시에는 지금처럼 의술이 발달하지 않아, 왜 이런 병에 걸려 사망하는지 설명할 길이 없었기 때문에 사람들은 흡혈귀 같은 귀신에다가 그 발병 원인을 돌리곤 했었습니다. 마늘 상인은 일반인들보다 흑사병에 잘 걸리지 않았기 때문에, 사람들은 마늘이 흡혈귀를 물리치는 게 틀림없다고 추론했던 것입니다. 그러고 나서 19세기 말 파스퇴르에 의해 최초로 페스트(흑사병)균이 발견되기까지 유럽인들이 페스트의 발병 원인과 치료법을 알 수가 없었고 20세기에 들어서야 벼룩과 쥐가 사람에게 페스트균을 옮긴다는 사실을 발견하게 되었습니다.

Chapter 04

 단원 어휘

☐ **respond** v. 대답하다, 응하다
☐ **film** v. 촬영하다 n. 필름, 영화
☐ **literally** ad. 글자 뜻대로, 정말로
☐ **overlay** v. 씌우다, 감추다, 놓다
☐ **democracy** n. 민주주의, 민주정치
☐ **sight** n. 구경거리, 장소
☐ **enormous** a. 거대한, 엄청난
☐ **notorious** a. 악명 높은
☐ **method** n. 방법, 방식, 순서
☐ **migrate** v. 이주(이동)하다
☐ **detail** n. 세부, 사소한 일
☐ **direct** v. 지도하다, (주의를)돌리다
☐ **promising** a. 장래성 있는, 좋아질 것
　　　　　　　같은
☐ **urgent** a. 긴박한, 절박한
☐ **unique** a. 유일한, 독특한
☐ **vivid** a. 생생한, 선명한, 발랄한
☐ **on a regular basis** 정기적으로
☐ **host** v. ~을 주최하다 n. 주인
☐ **match** v. 경쟁하다 n. 경쟁상대, 경기
☐ **title** n. 제목, 직함, 선수권

Mini Quiz

1 The weather is ＿＿＿＿＿＿. 날씨가 좋아질 것 같다.

2 on either a(n) ＿＿＿＿＿ or an occasional ＿＿＿＿＿ 정기적 혹은 비정기적

3 The views are ＿＿＿＿＿ breathtaking. 그 광경은 정말로 숨이 막힐 듯 했다.

4 a(n) ＿＿＿＿＿ amount of work 엄청난 양의 일

5 a scientific ＿＿＿＿＿ 과학적인 방법

6 have bad ＿＿＿＿＿ 눈(시력)이 나쁘다

7 describe in ＿＿＿＿＿ 상세하게 설명하다

8 ＿＿＿＿＿ message 긴급한 전갈

9 ＿＿＿＿＿ color 선명한 색

10 a(n) ＿＿＿＿＿ personality 개성

 **독해에 진짜 필요한 Reading Skill**

글의 전개방식 - Listing(나열)

수능에 출제되는 모든 독해지문은 논리적인 글이어야 한다. 작가가 글을 서술해 갈 때, '기―승―전―결' 내지는 '서론― 본론―결론' 등 글을 쓰는 방식에 일정한 패턴이 있어야 한다는 것을 의미하고, 이러한 서술상의 논리적 패턴 기술을 글의 전개방식이라 한다. 영어에는 대표적인 글의 전개방식들이 있다. 단순히 해석하는 것과 글의 전개방식을 파악할 줄 아는 것이 이른바 나무를 보기보다는 숲을 볼 줄 아는 능력을 의미하며, 바로 이러한 능력이 수능에 나오는 모든 유형을 해결하는 열쇠가 된다. 열거(listing)는 단락의 전개방식에서 가장 일반적으로 많이 사용하는 writing skill이다. 주제나 작가의 중심생각을 뒷받침하기 위해 여러 가지 사실(facts)이나 관련 정보를 순서대로 나열해 나감으로써 중심생각을 확실히 전달할 수 있게 된다. 필요한 사항을 단순히 나열할 수도 있고, 일반적인 상위개념에서 구체적인 하위개념(details)으로 전개해 나가는 방법이 있다. 또한, 열거는 글의 흐름을 위한 연결어가 반드시 나오게 된다.

열거를 나타내는 표현	many, various(= a variety of), several, a few, numerous, different 등이 단락의 도입부에 발견되면 이것들이 포함된 문장이 주제문이 되고, 뒤에 올 문장들은 주제문에 나온 핵심 단어나 어구가 다음 내용으로 반복되어서 연결이 된다.

❶ 첫 번째 나열되는 연결사 바로 앞 문장이 주제문이다. First, Second, ~ Lastly / One, The other / One, Another, The other / One, The others / Some, Others / In the first place, First of all, Above all, Last of all, Next, Finally / some과 other(s)는 반드시 함께 나오는데 이러한 signal들을 본다는 이 글은 차이점에 대한 글이라는 것을 반드시 예상하며 글을 읽는다.

❷ 보충, 부연설명의 signals(신호)들은 작가의 중심생각을 뒷받침하는 문장들로 급할 때는 읽지 않아도 된다. 단, for example(instance)과 첫 번째 나열되는 연결사 (First, one, First of all) 바로 앞 문장이 주제문이므로 반드시 눈에 힘을 주고 읽어야 한다. 다음은 보충, 부연 설명을 하는 signal이다. moreover, besides, in addition, that is, in other words, similarly

---

다음 글의 빈칸에 가장 적절한 것은? 기출문제

¹ Some people can learn a foreign language just by hearing it, and then trying to speak it. ² Other people have to read it and write it in order to learn it. ³ So some people use their ears more, and others use their eyes more to learn new things. ⁴ Take another example. ⁵ I can't learn how to use a computer just by reading an instruction manual. ⁶ But many people seem to learn how to use a computer just by reading the manual. ⁷ In short, _____.

① we had better buy a computer
② computer manuals are difficult to read
③ you should read the instructions
④ people learn things in different ways
⑤ foreign languages are necessary

[논리독해]

Key-word : 1 learn a foreign language

1 some의 앞문장이 주제문이어야 하는데 주제문 없이 some과 2의 other로 처음부터 구체적인 예시를 듬.

3에서 some가 others를 사용해 비슷한 예를 다시 듬.

5, 6에서 구체적인 예를 또 나열함

7 위에 나열된 예들을 정리하여 In short가 주제문이 된다.

수험생의 눈

▶some과 other(s)가 함께 나올 때는 반드시 차이점에 관한 글이라는 것을 명심한다. 이글은 어떤 사람들은 이렇고, 다른 사람들은 어떻고 하는 차이점을 예를 들어 나열하고 있다. 따라서 마지막에 설정된 빈칸의 주제는 '차이'에 해당하는 내용이 답이 된다.

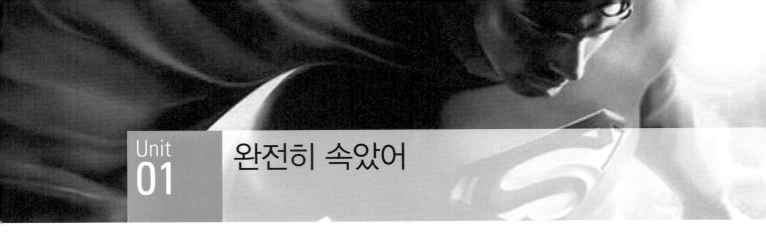

완전히 속았어

How would you respond if someone says humans can fly? Some people really can - at least in movies. For example, you've probably seen Superman flying through the sky in a movie. Surely, people in that movie do not literally fly. But moviemakers know some tricks to make them look like they are flying. A few decades ago, when technology was not as developed as now, people used a trick in films. First, they filmed the sky in which clouds or stars moved quite fast. Then the actors who pretended to fly were filmed. After that, the film with the actors was overlaid on the film with the sky. So the image of the actors was put over the image of the sky. But nowadays, the tricks the moviemakers use have become more complicated, thanks to the technological development.

1 **What does the paragraph above describe about movies?**
   ① Violence
   ② Recreational Feature
   ③ Location
   ④ Recording
   ⑤ Special Effects

2 **Write T if the statement is true or F if it is false.**
   (1) _____ Moviemakers still use tricks today.
   (2) _____ Flying scenes were filmed in the sky.
   (3) _____ Actors were usually filmed before clouds or stars were.

Check Your VOCABULARY!

respond	at least	probably	literally
trick	decade	technology	film
pretend	overlay	complicated	thanks to

명사 뒤에서 명사의 동작을 나타내주는 현재분사

🔽 **명사 바로 뒷자리**
The man standing over there is the famous Superman.
저기에 서 있는 남자가 그 유명한 슈퍼맨이다.
🔽 **명사 바로 뒷자리**
There are girls singing in the rain.
빗속에서 노래를 부르고 있는 소녀들이 있다.

V-ing 형태가 문장에서 동명사, 진행형, 현재분사 다양하게 사용될 수 있다. 이를 구별하는 것은 특정 자리에 있는 위치만 파악하면 가능하다. 우리말은 '저기에서 달리고 있는 소년'처럼 명사 '소년'을 앞에서 꾸며주는 말이다. 그리고 '달리다'를 '달리는, 달리고 있는'처럼 형용사 어미처럼 만들어 버린다. 영어는 run을 running으로 만든 다음 '달리는'의 뜻을 표현하려면 반드시 명사 바로 뒷자리에 들어가야만 가능하다. 이렇게 명사 뒤에 위치하는 V-ing를 그 자리에 있는 모습을 보고 현재분사라 한다.

서 있다 + ~있는 = 서 있는
stand + ~ing = standing
우리말은 단어자체를 바꿔 '서 있다'를 '서 있는'으로 바꿔 명사 앞에서 꾸며준다.

영어는 동사에 ~ing를 붙이고 '서 있는 (standing), 노래하고 있는(singing)'의 뜻을 나타내려면 반드시 정해진 자리에서만 가능하다. 바로 명사 바로 뒤에 자리가 고정되어 있을 때만 'V-ing'가 '~하(고 있는)'의 뜻을 나낼 수 있다.

Practice

1 I respect people doing volunteer work.

해석 ▶ _____

2 극장에서 at the movie theater 내 앞에 앉아 있었던 sit in front of me 남자가 the man 코를 골고 있었다 was snoring.

영작 ▶ _____

Super Speaking
1단계 : 처음 우리말과 영문을 보면서 영어로 말해본다.
2단계 : 영문을 손으로 가리고 우리말만 보면서 완전한 영어로 말할 수 있도록 3~4회 반복한다.

 아기를 팔로 안고 있는 여자가 버스를 기다리고 있다.

The woman holding a baby in her arms is waiting for the bus.
우리말을
영 어 로
옮 기 기

 커다란 귀고리를 하고 있는 저 소녀를 아니?

Do you know the girl wearing big earrings?

 나는 캐나다에서 오는 삼촌을 만날 거야.

I'm going to meet my uncle coming from Canada.

 나는 소매치기를 쫓고 있는 한 남자를 봤다.

I saw a man chasing a pickpocket.

Unit 02

있을 건 다 있는 런던

Travel

There are so many places you can visit in London. To begin with, the Houses of Parliament are located on the north side of the Thames River, which runs through London. After touring the Parliament, you may want to see the Big Ben, a huge clock at one end of the Parliament. It is famous for its huge bell, which weighs about 13.5 tons. The Buckingham Palace in London, the home of the royal family, is very beautiful. You can also visit the Tower of London, which used to be a prison for many notorious criminals. Other than these monuments, visitors in London may also be interested in the Tower Bridge and the British Museum. London also has many beautiful parks, such as the Hyde Park, which is the largest park in London.

1 Choose the best title for this paragraph.
① The Home of British Democracy ② Visitors in London
③ Kings and Queens ④ The Houses of Parliament
⑤ Many Sights in London

2 런던에 관한 이 글의 내용과 일치하지 <u>않는</u> 것은?
① The Big Ben is famous for its enormous bell.
② There are lots of tourists visiting London.
③ London has many places to visit.
④ Hyde Park is the largest park in London.
⑤ Buckingham Palace is the house of the royal family.

Check Your
VOCABULARY!

to begin with	House of Parliament	be located on	Thames River
Big Ben	weigh	Buckingham Palace	royal family
notorious	criminal	monument	Hyde Park

구문으로 익히는 **Writing & Speaking**

선행사의 부가적인 설명을 하는 계속적 용법 which

⬇ **콤마 뒷자리**
She used five names, which were not all her real ones.
그녀는 5개의 이름을 사용했다. **그런데 그것들은** 모두 그녀의 실제 이름은 아니었다.

⬇ **콤마 뒷자리**
I bought a new bed, which was very comfortable.
나는 새 침대를 샀다. **그런데 그것은** 매우 편안했다.

명사 바로 뒷자리에 있는 which는 which가 데리고 있는 동사를 우리말 '~는, ~던'과 같이 '~ㄴ(니은)'처럼 형용사절 어미로 바꿔 바로 앞에 있는 명사를 꾸며주어 수식을 받는 명사(선행사)를 아주 구체적으로 설명해 주는 필수적인 내용인 반면 쉼표(,)로 분리되고 which가 나오는 경우 앞에 이미 알고 있는 대상이나 내용을 추가적으로 설명하여 상황을 이해하는데 도움을 주는 역할을 한다.

문장 중간에 쉼표(,)로 분리되고 which가 자리 하는 경우에는 우리말 **'그런데 그것'으로 해석** 하고 which 뒤에를 순차적으로 해석하면 된 다.

듣는 사람이 이미 어떤 침대인지를 알고 있고 '그 침대가 편하다'라는 추가적인 정보를 주어 대화를 활기차게 이끌어 가는 역할을 한다.

| Practice

1 He wrote her a love letter, which she sent back unopened.

해석 ○ _____

2 그녀는 내게 조언을 했다. 그런데 그것은 내가 정말로 필요한 것이었다 needed so much.

영작 ○ _____

| Super Speaking
1단계 : 처음 우리말과 영문을 보면서 영어로 말해본다.
2단계 : 영문을 손으로 가리고 우리말만 보면서 완전한 영어로 말할 수 있도록 3~4회 반복한다.

 나는 물 한 병을 마셨다. 그런데 오줌인 것으로 밝혀졌다.

I drank a bottle of water, which turned out to be pee.

우리말을 영어로 옮기기

 그 못생긴 남자는 결혼을 했다. 그런데 그것은 우리를 놀라게 했다.

The ugly man got married, which surprised us.

 내 할아버지는 걷기를 많이 하는데 그것이 그를 건강하게 해준다.

My grandfather does a lot of walking, which keeps him healthy.

 나는 그 멋진 식당을 기억하는데, 거기서 내가 너를 처음 만났지.

I remember the fancy restaurant, where I met you first.

새들이 네비게이션이 있나?

Curiosity

Some kinds of birds fly great distances every year. When autumn is almost over, they start migrating.

(A) During the fall, they leave the Northern Hemisphere and fly thousands of miles to the Southern Hemisphere.

(B) It is amazing because they never fail to fly in the right direction, and they always return to the same place every year.

(C) After spending winter in the warm south, they return to their homes in the Northern Hemisphere every spring.

Scientists do not really understand how those birds can do this, but they believe that migratory birds must have a very detailed map in their brains.

1   **Choose the right order of the sentences (A), (B) and (C).**
   ① (C) - (B) - (A)   ② (A) - (B) - (C)   ③ (C) - (A) - (B)
   ④ (B) - (A) - (C)   ⑤ (A) - (C) - (B)

2   이 글을 통해서 알 수 있는 것은?
   ① Details of Northern Hemisphere
   ② Movements of migratory birds
   ③ Schedule of the scientists
   ④ Birds' methods of flying
   ⑤ Changes of weather in the Northern Hemisphere

Check Your VOCABULARY!

| distance | autumn | migrate | Northern Hemisphere |
| Southern Hemisphere | fail to | direction | migratory |

구문으로 익히는 Writing & Speaking

동작의 표현을 늘리기 위해 탄생한 동명사

⬇ 문장 맨 앞자리   ⬇ 동사 등장

Reading in a dark room **is** not bad for the eyes.
어두운 방에서 책을 읽는 것은 눈에 나쁘지 않다.

               ⬇ 동사 뒷자리

Have you ever considered studying abroad?
외국에서 공부하는 것을 생각해 본 적 있니?

'동사 + ~ing' 형태가 문장에서 주어, 목적어, 보어, 전치사의 목적어로 사용될 경우, 이를 문법적으로 '동명사'라고 하지만 이러한 설명보다 우리말로 정확히 이해하고 실제 영문에서 잘 활용이 되어야 한다. 동명사는 명사 자리 즉, 주어 자리와 목적어 자리 그리고 보어 자리에서 동작의 표현을 늘리기 위해 만들어진 말이다.

읽다 + ~는 것 = 읽는 것
공부하다 + ~는 것 = 공부하는 것

read + ~ing = reading
help + ~ing = helping

우리말은 '~는 것'이란 말로 변형된 말을 한 눈에 보거나 들어서 알 수 있지만 영어는 reading과 studying만 보고 절대 그 뜻을 결정할 수 없다. 어떤 자리에 들어가는지를 알아야 그 뜻이 결정된다. '문장 맨 앞자리와, 동사 바로 뒷자리'에 ~ing 형태는 바로 '~(는)것'이란 뜻을 나타내기 위해 그 자리에 들어가는 것이다.

Practice

1   The only way to successful weight control **is exercising** regularly.

해석 ◐ _____

2   대학에 가고 싶다면 if you want to go to a college 너는 TV 보는 것을 watch TV 포기해야 한다 should give up.

영작 ◐ _____

Super Speaking

1단계 : 처음 우리말과 영문을 보면서 영어로 말해본다.
2단계 : 영문을 손으로 가리고 우리말만 보면서 완전한 영어로 말할 수 있도록 3~4회 반복한다.

 좋은 성적을 만든다는 것은 열심히 공부하는 것이 요구된다.

Making good grades requires studying hard.

우리말을 영어로 옮기기

 영어로 말하는 것은 우리학교에서 필수이다.

Speaking in English is a must in our school.

 내 취미는 아침에 조깅하는 것이다.

My hobby is jogging in the morning.

 당신은 좀 더 일찍 당신의 열정을 찾지 못한 것을 후회합니까?

Are you regret not finding your passion earlier?

Unit 04 마음으로 보아요!

Moral

One winter night I found myself lost in the fog and in a part of the city I didn't know. Then, I met a man and asked him to direct me. He said okay and we walked together, with his hand on my elbow. When we arrived at the address I had given, I said goodbye, thanking him. As I turned to shake his hand, I realized he could not see my hand, and indeed the way we had come. The stranger who had led me so surely through the fog was blind. 기출

1 필자가 느낀 점을 한 문장으로 요약하고자 한다. 빈칸 (A)와 (B)에 가장 적절한 것끼리 짝지은 것은?

> To one who must live in a world of _____(A)_____ , the way ahead is as _____(B)_____ in the thickest fog as in the brightest sunshine.

(A)		(B)
① darkness	.....	dangerous
② darkness	.....	clear
③ business	.....	clear
④ business	.....	promising
⑤ information	.....	dangerous

2 **What is the mood of this author?**

① curious and scared   ② excited and urgent

③ surprising and grateful   ④ unique and vivid

⑤ relaxed and bored

Check Your VOCABULARY!

be lost	fog	direct	elbow
address	indeed	stranger	blind
thick	promising	urgent	grateful

구문으로 익히는 **Writing & Speaking**

with + 명사 + 전명구 / 분사(~ing / ~ed)

⬇ with ⬇ 명사 ⬇ 전명구
She looked at me with anger in her eyes.
그녀는 분노가 눈에 가득한 채로 나를 쳐다보았다.

⬇ with ⬇ 명사 ⬇ 분사
He stood there with his head leaning against the wall.
그는 그의 머리를 벽에 기댄 채로 거기에 서 있었다.

영어의 자리는 우리말 조사에 해당한다. ~ing와 ~ed 형태를 동명사와 현재분사, 과거시제와 과거분사를 단어 형태만 보고 절대 구별할 수 없다. ~ing가 'with + 명사' 다음 세 번째 자리에 있는 경우 바로 이 자리에서 '~하는 채로'의 뜻이 된다. 명사가 직접 동작을 하는 경우에 명사 다음에 현재분사를 쓴다. ~ed가 'with + 명사' 다음 세 번째 자리에 있는 경우 바로 이 자리에서 '~되어 진 채로'의 뜻이 된다. 명사가 동작을 받거나 당하는 경우에 명사 다음에 과거분사를 쓴다.

with + 명사 + 전명구가 연이어 나와 자리가 정해져 있다. 이때 '명사가 ~인 채로'로 해석이 된다.

with + 명사 + ~ing(현재분사)/~ed(과거분사)의 자리가 정해져 있는 경우 ~ing는 명사가 동작을 직접 한다는 뜻으로 **'명사가 ~하는 채로'의 뜻**이 된다. ~ed가 명사 뒤에 위치한 경우 명사가 동작을 당한다는 뜻으로 **'명사가 ~되어진 채로'의 뜻**으로 해석한다.

▌Practice

1 The man standing there with a ball in his hands is a famous soccer player.

해석 ❍ _____

2 그 여배우는 the actress 다리를 꼰 채로 her legs crossed 의자에 앉아 있었다 sat on a chair.

영작 ❍ _____

▌Super Speaking
1단계 : 처음 우리말과 영문을 보면서 영어로 말해본다.
2단계 : 영문을 손으로 가리고 우리말만 보면서 완전한 영어로 말할 수 있도록 3~4회 반복한다.

 그는 라디오를 켠 채로 잠이 들었다.

He fell asleep with the radio turned on.

우리말을
영 어 로
옮 기 기

 그 노인은 눈이 감겨진 채로 빗소리를 듣고 있었다.

The old man listened to the sound of rain, with his eyes closed.

 우리는 손이 턱에 그리고 팔꿈치가 무릎에 있는 채로 벤치에 앉아 있는 귀신을 봤다.

We saw a ghost sitting on the bench, with chin in hand and elbow on knee.

 엄마는 알람시계가 울리는 채로 계속해서 자고 있었다.

My mother kept sleeping with the alarm clock ringing.

Unit 05

세계의 스포츠, 축구

World

The Federation Internationale de Football Associations (FIFA) is the organization which makes the rules of football. In 1929, the FIFA decided to open international football competitions on a regular basis. They named the series of the competitions the World Cup. So it was given the name World Cup. In 1930, Jules Rimet, the president of FIFA, decided the first World Cup tournament would be held in Uruguay, celebrating the century of its independence. Thirteen nations sent their teams, and the host country Uruguay became the first champion of the Jules Rimet Trophy that year. After the 1938 tournament in France, the World Cup was not played again until 1950. The 2002 World Cup championship was special. It was the first time the games were played in Asia. (A) _____
It was a sporting championship to remember!

The Wimbledon tournament must be one of the most famous international sporting competitions. Among many players, there was a young French tennis player in 1919. Suzanne Lenglen lost just a few matches and won the championship that year. She went on to win 31 Grand Slam titles for twelve years. She was also famous for wearing shorter skirts than any other player. (B) _____ Another woman, Gertrude Ederle was the first female who swam the English Channel. It took 14 hours to swim the channel. A Norwegian figure skater Sonia Henie won three consecutive gold medals in the Olympics.

1 **How many countries participated in the first World Cup? Write in English.**

_____

2 **Choose the most suitable sentences to fill in the blanks (A) and (B).**

① (A) However, it cost a fortune to organize the World Cup.
   (B) So other female players imitated her.

② (A) On the contrary, people in France congratulated the first World Cup played in Asia.
   (B) Also her tennis racket brand became very famous.

③ (A) There were many excellent soccer players in Asia because they had a long history in soccer.
   (B) She donated all her prize money to the indigent people.

④ (A) It was also the first time that two countries, Korea and Japan, hosted the World Cup together.
   (B) She became the first female tennis celebrity.

⑤ (A) The 2002 FIFA World Cup was watched by almost 30 billion people worldwide.
   (B) She became the first female soccer player.

3 **The Jules Rimet Trophy is related to _____.**

① Wimbledon tournament
② English Channel
③ Olympic
④ Football World Cup
⑤ International matches

4 **How many athletes are mentioned in the 2nd paragraph?**

① one person
② two persons
③ three persons
④ four persons
⑤ five persons

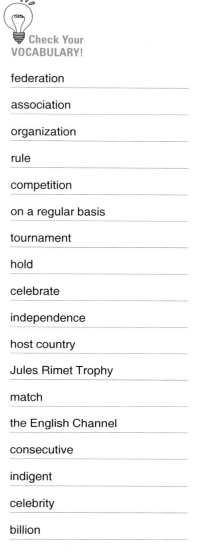

Check Your
VOCABULARY!

federation

association

organization

rule

competition

on a regular basis

tournament

hold

celebrate

independence

host country

Jules Rimet Trophy

match

the English Channel

consecutive

indigent

celebrity

billion

WORD REVIEW

A Translate into English.

1 속임수 _____

2 ~인 체하다 _____

3 복잡한 _____

4 과학기술 _____

5 왕실, 황족 _____

6 악명 높은 _____

7 범죄자 _____

8 무게가 나가다 _____

9 거리, 간격 _____

10 가을 _____

11 방향 _____

12 ~하는 데 실패하다 _____

13 안개 _____

14 길을 잃다 _____

15 짙은, 두꺼운 _____

16 팔꿈치 _____

17 개최하다 _____

18 유명인사, 유명인 _____

19 연속적인 _____

20 경축하다, 축하하다 _____

B Translate into Korean.

1 at least _____

2 overlay _____

3 literally _____

4 decade _____

5 to begin with _____

6 be located _____

7 enormous _____

8 monument _____

9 migrate _____

10 migratory _____

11 Northern Hemisphere _____

12 detail _____

13 direct _____

14 address _____

15 promising _____

16 blind _____

17 tournament _____

18 host country _____

19 independence _____

20 competition _____

C Choose the correct answers to each question.

1 The moviemakers use some _____ to make actors look like they are flying.
① violence   ② tricks
③ details   ④ cameras

2 The Houses of Parliament are _____ on the north side of the Thames River.
① weighed   ② begun
③ located   ④ huge

3 The 2002 World Cup championships were _____ in two countries, Korea and Japan.
① held   ② hold
③ host   ④ compete

D Translate into English or Korean.

1 There is a baby sleeping in a car.

_____

2 She has two cars, which are a Mercedes-Benz and a BMW.

_____

3 식후에 초콜릿을 먹는 것은 그의 습관 중 하나이다. (eat, chocolate, meal)

_____ is one of his habits.

4 그 여자는 아이를 팔에 안고 앉아 있었다.
(in, with, a baby)

The woman was sitting _____.

E Choose the correct words to fill in the blanks.

1 Do you know that girl _____ in the hall?
① dancing   ② be dancing
③ danced   ④ be danced

2 I enjoy _____ snow-boarding in winter.
① going   ② to go
③ gone   ④ go

3 They like to eat steak with a potato _____.
① mash, baking, or french fried
② mash, bake, or french fry
③ mashing, baking, or french frying
④ mashed, baked or french fried

4 I want to give you this book. It was written by my father.
= I want to give you _____ was written by my father.
① which, this book   ② this book, which
③ this book what   ④ which book

F Translate into Korean.

1 keep one's distance _____

2 hold on _____

3 go in the wrong direction

_____

★ 2형식 문장 중 감각동사는 〈감각동사 + 형용사〉 또는 〈감각동사 + like + 명사〉로 표현한다.

I **feel good** today. 오늘은 몸 상태가 좋다.

It **sounds like a good idea**. 그것은 좋은 아이디어처럼 들린다.

★ 시간 전치사 for는 ' ~동안'이라는 의미로 숫자가 포함된 기간과 함께 사용하고, during은 ' ~하는 중, ~내내'
라는 의미이며 특정한 기간과 함께 사용한다.

I will finish this book **during the winter vacation**. 나는 겨울방학 동안 이 책을 끝낼 것이다.

We are going to stay at grandmother's **for two weeks**. 우리는 할머니 댁에 2주 동안 머무를 것이다.

★ 강한 추측을 나타내는 조동사 must be(~임에 틀림없다)와 cannot be(~일 리가 없다)에 대해 살펴보자.

It **must be** true. 그것은 사실임에 틀림없다.

She **cannot be** at home. 그녀가 집에 있을 리 없다.

1 다음 문장 중 <u>틀린</u> 부분을 찾아 바르게 고치시오.

He <u>looks</u> <u>like</u> <u>very</u> <u>ill</u> today.
　　①　　②　　③　　④

2 다음 밑줄 친 전치사의 쓰임 중 <u>틀린</u> 것은?

① I have used this dictionary <u>for</u> thirteen years.

② You and I have been together <u>during</u> ten years.

③ She slept <u>for</u> four hours yesterday.

④ I will be here <u>during</u> the holidays.

3 다음 괄호 안에서 적당한 표현을 고르시오.

Jane is honest and clever so she [must / cannot] be the thief.

Daily Assignment Book

Homeroom teacher : _____

공부습관의 최강자가 되라!

수업일		Contents (수업내용)	Homework (과제물)	Check (숙제검사)	
월	일			Done	Didn't do
월	일			Done	Didn't do
월	일			Done	Didn't do
나의 학습 아킬레스건	나의 취약 부분은?			Done	Didn't do
	해결 방법은?			Done	Didn't do
			Parent's Signature		

※ 학생들이 학원에서 공부한 내용입니다. 바쁘시더라도 관심을 갖고 확인해 주십시오.

Why Do Some Chickens Lay Brown Eggs and Others Lay White Eggs?
어떤 닭은 왜 갈색 달걀을, 또 어떤 닭은 흰색 달걀을 낳는 거예요?

 시골에서 자랐다면, 아침마다 닭울음 소리와 함께 닭장에 가보면 어김없이 따끈따끈한 온기가 느껴지는 알을 발견 하곤했을 것입니다. 그런데 왜? 달걀이 흰색과 갈색이 있는지 궁금하지 않나요? 달걀 안의 내용도, 맛도 똑같은데 왜 색깔이 다른 걸까요?

흰색 달걀과 갈색 달걀의 색깔에 대한 원인은 항상 의문이었습니다. 색깔의 결정적인 원인을 제공하는 것은 암탉입 니다. 굳이 달걀을 확인하지 않아도 암탉을 보면 색깔을 예상할 수가 있다고 합니다. 암탉의 귓불을 가만히 살펴보 면 귓불의 색깔이 흰색인 닭과 갈색인 닭이 있을 것입니다. 갈색 또는 흰색의 알이 나오는 것은 바로 암탉 귓불의 색과의 일치입니다. 미국인들은 대부분 흰색 달걀을 선호해서 닭 볏이 하나인 흰 레그혼이 가장 인기 있는 알 낳는 닭이 되었는데, 이 레그혼은 상당히 작 으며 다른 암탉보다 빨리 성숙하게 자란다고 합니다. 흰색 달걀이 갈색 달걀보다 더 건강에 좋거나, 더 좋은 영양 성분이 들어있는 것 은 아니지만, 사람들은 대부분 갈색 달걀을 꺼리는 편견이 있다고 하네요.

MEMO

Bonus Chapter

Bonus Chapter

 단원 어휘

- ☐ involve v.포함하다, 관련시키다
- ☐ individual n. 개인 a. 개인의, 독특한
- ☐ consequence n. 결과, 결론, 중요성
- ☐ alternative n. 양자택일, 다른 방안
- ☐ pleasure n. 즐거움, 유쾌함, 만족
- ☐ cottage n. 시골집, 작은 별장
- ☐ carpet n. 카펫 v. 양탄자를 깔다
- ☐ mode n. 방법, 양식, 모드
- ☐ rub v. 비비다, 마찰하다, 문지르다
- ☐ inflate v. 부풀리다, 팽창시키다
- ☐ creature n. 창조물, 생물
- ☐ review v. 복습하다 n. 평론, 비평
- ☐ suitable a. 적당한, 어울리는
- ☐ problematic a. 문제가 있는, 의심스러운
- ☐ predict v. 예언(예보)하다
- ☐ analyze v. 분석(분해)하다
- ☐ award v. 수여하다 n. 상
- ☐ consist of 이루어져 있다
- ☐ purpose n. 목적, 용도, 취지
- ☐ fortune n. 운, 재산

Mini Quiz

1 _____ needs 개개인의 요구들

2 propose a(n) _____ 대안을 제시하다

3 strange _____ of life 색다른 생활 방식

4 night _____ 야행성 동물

5 _____ the last lesson 지난 수업을 복습하다

6 a(n) _____ site 적당한 장소

7 _____ earthquakes 지진을 예측하다

8 _____ industry trends 업계 동향을 분석하다

9 win a(n) _____ 수상하다

10 for business _____ 업무상(사업목적으로)

글의 전개방식 - Comparison and Contrast(비교와 대조)

글의 전개 방식 중, 시험에 가장 빈번하게 출제되는 유형 중의 하나가 자신의 주장을 펴기 위해 두 가지 사실을 비교하거나 대조하는 방식으로 설명하는 글이 있다. 비교(comparison)는 두 가지 대상의 유사점(similarities/likenesses)을 차례로 언급하여 단락을 전개해 나가는 방법이고, 대조(contrast)는 비교하는 두 가지 대상이 어떻게 다른가하는 차이점(differences)을 대조해 가면 단락을 전개해 나가는 방식이다. 비교, 대조되는 대상이 글의 핵심어(key-word)가 되고, 주제, 제목, 요지를 설정할 때는 그 두 대상의 공통점 또는 차이점을 취합하거나, 아니면 연결사 다음에 작가의 의도가 드러난다는 것을 잊지 말자.

(1) 단락 도입부분에 대조가 드러나는 경우

예를 들어, 지문의 처음에 '한국과 일본의 생활 방식에는 많은 차이를 갖고 있다.'라는 문장이 도입부에 나오면 그 다음 글의 전개 방식은 두 나라 사람들의 생활방식의 차이를 구체적으로 비교, 대조시키는 진술이 나올 것이 확실하다. 이때 한국의 생활방식을 먼저 진술하고 중간에 But, However 등의 연결사가 쓰일 것이 분명하고 바로 그 연결사를 찾아 넣는 연결사 빈칸 문제를 만들 수도 있다.

(2) 단락 도입부분에 대조가 나타나지 않는 경우

이때는 쉽게 대조의 글이라는 것을 파악하기 어려운 경우로 처음에는 어떠한 하나의 사건, 시점, 상황, 개체 등의 관한 일반적인 진술을 펼치다가 중간에 But, However, In my country, Now, For me 등의 대조를 나타내는 표현이 나오면서 앞선 진술과 전혀 다른 상반되는 진술이 전개되는 경우이다.

비교의 연결사: Similarly, Likewise, alike, also, same, like, too, both

대조의 연결사: But, However, Yet, On the other hand, In contrast, On the contrary, Conversely, While, Whereas, Instead, Nevertheless, In spite of, With all, For all, Unlike, Though

- 단락의 도입부에 two라는 숫자 또는 different(different from)이 나올 수 있다.
- 한 가지 대상을 설명하기 보다는 두 가지 대상을 제시하여 (A and B), A를 먼저 설명하면서 one(또는 the first)을 제시할 수 있고, B를 설명하면서 the other(또는 the second)를 구체적으로 제시할 수 있다.
- 과거(past)와 현재(present) 또는 전자 (the former)와 후자(the latter)의 개념이 반대/대조의 연결사로 이어질 수 있다.

다음 글의 빈칸에 가장 적절한 것은? 기출문제

¹ Elements of culture can be divided into two categories. ² The first is the material culture, which is made up of all the physical objects that people make and give meaning to. ³ Books, clothing, and buildings are some example. We have a shared understanding of their purposes and meanings. ⁴ _____, nonmaterial culture consists of human creations that are not physical. ⁵ Examples of nonmaterial culture are values and customs. Our beliefs and the languages we speak are also part of our nonmaterial culture.

① Above all ② In addition ③ In contrast
④ As a result ⑤ In fact

[논리독해]

Key-word : Elements of culture

1 단락의 도입부에 two를 제시하여 대조가 진술될 것을 예상
2 첫 번째 material culture의 구제적인 진술
3 물질문화의 더 구체적인 부연설명
4 두 번째 nonmaterial culture 진술 시작
5 더욱 구체적인 부연 설명 제시

수험생의 눈

▶ 첫 문장에서 글의 전개방식이 대조임을 바로 알 수 있다.
▶ 처음에 A를 진술하고 B를 진술하기 전에 반드시 반대/대조를 나타내는 연결사가 있어야 B를 설명할 수 있다.

Life

If scarcity exists, choices must be made by individuals and societies. (a) Therefore, people prefer to be employed by a trading company. (b) These choices involve "tradeoffs" and necessitate an awareness of consequences of those tradeoffs. (c) For example, suppose that you have $25 to spend and have narrowed your alternatives to a textbook or a date. (d) Scarcity prohibits the purchase of both and imposes a tradeoff - a book or a date. Each choice has a consequence. (e) The textbook might enable you to increase your knowledge, and the date might mean an evening of merriment. 기출

1   **What is the best main idea of this paragraph?**
    ① rational choices
    ② good textbooks
    ③ good exports
    ④ an ideal society
    ⑤ bargain sales

2   **이 글에서 전체 흐름과 관계 없는 것은?**
    ① (a)   ② (b)   ③ (c)
    ④ (d)   ⑤ (e)

Check Your
VOCABULARY!

scarcity	individual	involve	tradeoff
necessitate	awareness	consequence	alternative
prohibit	purchase	impose	merriment

목적격 보어 자리에 있는 to부정사

놀다 + ~하라고 ➡ 놀라고
우리말은 단어 자체를 바꿔 말한다.

⬇ **목적어 바로 뒷자리**
Money enables us to do a lot of things.
돈은 우리가 많은 것을 **할 수 있게** 해 준다.
⬇ **목적어 바로 뒷자리**
Mom ordered me not to hang out with bad friends.
엄마는 내게 나쁜 친구들과 **어울리지 말라고** 명령했다.

hang out + to ➡ to hang out
영어에서 '놀다'가 '놀라고'의 뜻을 나타내려면 문장에서 정해진 자리에 들어가야 한다. 바로 5형식 동사가 나오고 목적어가 나온 다음 목적어 바로 뒷자리에 위치가 고정될 때 to부정사는 우리말 '~하라고'의 뜻이 된다.

5형식(S + V + O + OC) 문장에서 동사가 force, tell, ask, advice, allow, expect, order, cause, enable 등은 '누구에게 ~ 하라는' 명령의 의미를 담고 있다. 목적어에는 사람 명사가 와서 '그 사람이 ~하라고'의 뜻으로 목적어가 행하는 동작이나 행위를 나타내야 한다. 따라서 목적어 바로 뒤에 목적격 보어로 to부정사가 와서 목적어의 동작이나 행동을 나타내 준다.

Practice

1 I warned her not to smoke in public places 공공장소에서.

해석 ○ _____

2 정부는 the government 매년 every year 사람들에게 the people 세금을 taxes 지불하라고 pay 강요했다 forced.

영작 ○ _____

Super Speaking

1단계 : 처음 우리말과 영문을 보면서 영어로 말해본다.
2단계 : 영문을 손으로 가리고 우리말만 보면서 완전한 영어로 말할 수 있도록 3~4회 반복한다.

 의사는 아빠한테 담배를 끊으라고 경고했다.

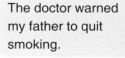 The doctor warned my father to quit smoking. 우리말을 영어로 옮기기

 의사는 내게 더 많은 야채를 먹으라고 말했다.

The doctor told me to eat more vegetables.

 경찰은 군중들에게 그 건물을 즉시 떠나라고 강요했다.

The police forced the crowd to leave the building immediately.

선생님은 나에게 대학에 진학하라고 충고하셨다.

My teacher advised me to go to college.

Economics

We have all grown up, (A) known / knowing that people are different. They spend their money in different ways, while seeking different pleasures. A couple may spend their vacation in Europe; their friends are (B) content / contenting with two weeks in a cottage by the sea. A woman may save her household money to carpet her bedrooms; her neighbor may save hers to buy a second car. Different modes of consumer behavior - different ways of spending money - do not surprise us. We have been brought up to believe that such differences are (C) that / what makes life interesting.

1 **Choose the best main idea of this paragraph.**
① 다양한 소비 유형   ② 원만한 대인 관계
③ 치밀한 휴가 계획   ④ 넉넉한 가계 수입
⑤ 효과적인 실내 장식

2 (A), (B), (C)에서 어법에 맞는 표현을 골라 짝지은 것은?

(A)	(B)	(C)
① knowing	content	that
② knowing	contenting	that
③ knowing	content	what
④ known	content	that
⑤ known	contenting	what

Check Your
VOCABULARY!

way	seek	pleasure	content
cottage	mode	consumer behavior	surprise

구문으로 익히는 **Writing & Speaking**

문장 중간 쉼표 뒤에 나오는 ~ing

알다 + ~면서 ➡ 알면서
읽다 + ~면서 ➡ 읽으면서

                ⬇ **쉼표 뒷자리**
We have all grown up, knowing that people are different.
우리 모두는 사람들이 서로 다르다는 것을 **알면서** 성장했다.
                ⬇ **이 자리**
My father was sitting on the sofa, reading a newspaper.
내 아버지께서는 신문을 **읽으면서** 소파에 앉아 계셨다.

영어는 철저히 정해진 자리에서 뜻을 나타낼 수 있다. 문장 중간에 나오는 ~ing는 우리말 '~하면서'를 붙여 해석한다. 분사구문의 연속, 동시동작을 나타낸다고 설명하고 있으나 이는 정말 중요하지 않다. 정확한 독해가 우선이다.

우리말은 단어 자체를 바꿔 말하지만 영어는 그러한 장치가 없다. reading이 '읽는 것'으로 해석되는지 다른 뜻으로 사용되는지는 철저히 그 말이 위치하는 자리로서 결정이 된다. 완전한 문장이 나오고 쉼표로 분리된 후 쉼표 바로 뒷자리에 있는 ~ing가 우리말 '**~하면서**'의 뜻을 가진다. 쉼표가 없는 경우도 있으나 '~ing'가 앞에 있는 명사의 행동을 나타내주는 말이 아닌지만 확인하면 된다.

Practice

1   He sat for a long time, listening to the sound of the rain.

    해석 ◐ _____

2   Kelly는 아침식사를 ₍her breakfast₎ 하면서 ₍eat₎ 신문을 ₍the newspaper₎ 읽었다 ₍read₎.

    영작 ◐ _____

Super Speaking
1단계 : 처음 우리말과 영문을 보면서 영어로 말해본다.
2단계 : 영문을 손으로 가리고 우리말만 보면서 완전한 영어로 말할 수 있도록 3~4회 반복한다.

 나의 형은 MP3를 들으면서 공부했다.

My brother studied, listening to the MP3 player.

 우리말을 영 어 로 옮 기 기

 그녀는 밝게 웃으면서 손을 내밀었다.

She extended her hand, smiling brightly.

 그는 나를 쳐다보면서 창문 옆에 서 있었다.

He stood by the window, looking at me.

 나는 내 여동생이 집에 오기를 기다리면서 늦게 잠들었다.

I got to sleep late, waiting for my sister to get home.

곤충의 소리

Curiosity

Bees, wasps, and mosquitoes make buzzing sounds with their wings. But crickets and grasshoppers make noises by rubbing their legs or snapping their wings. The reason why these insects make those sounds is to communicate. Many insects have ears, which look very different from our ears. Often, those ears seem to be in places where they don't belong. A cricket's ears are on its front pair of legs, and a grasshopper's ears are on its belly. Frogs must be the first creatures which developed voice during the process of evolution. A frog has a vocal sac. The frog inflates the sac by closing its mouth and nostrils. In this way, the frog can blow the sac up like a balloon and make sounds by deflating it quickly.

1 **What kind of writing is this paragraph?**
① a newspaper article
② a discussion
③ a book review
④ a description
⑤ a novel

2 **Write T if the statement is true or F if it is false.**
(1) _____ Ears of insects are located in different places.
(2) _____ A frog makes noise with its head.
(3) _____ A cricket has a vocal sac on its front legs.

Check Your
VOCABULARY!

wasp	buzz	cricket	grasshopper
snap	belong	creature	evolution
vocal sac	inflate	nostril	deflate

구문으로 익히는 **Writing & Speaking**

관계대명사로 쓰이는 which

⬇ **명사 바로 뒷자리**

We saw the temple which was built 1000 years ago.
우리는 1,000년 전에 **지어진** 사원을 보았다.

⬇ **명사 바로 뒷자리**

Kindness is the language which the deaf can hear and the blind can see. *[Mark Twain]*
친절은 귀머거리가 들을 수 **있고** 장님이 **볼 수 있는** 언어이다.

관계사 which 가 선행사에 따라 어떻게 변하며, 격은 무엇에 따라 결정된다 라는 설명으로 머리가 아주 아팠던 적이 있을 것이다. 영어는 문법적인 기능 이전에 영어와, 한국어의 기계적인 유사성, 즉 구조론적인 측면이 더 중요하다. which가 여러 가지로 쓰일 수 있지만 관계사로 사용되려면 which가 반드시 명사 뒷자리에 떡하니 자리하고 있어야 한다. 이 자리에서 우리말 '~하는, ~했던, ~할'의 뜻을 나타낼 수 있다.

지어졌다 + ~ㄴ ➡ 지어진(졌던)
볼 수 있다 + ~ㄴ ➡ 볼 수 있는

'지어진 사원', '볼 수 있는 언어'처럼 우리말은 동사의 뜻을 형용사처럼 ~ㄴ(니은)을 붙여 명사 앞에서 꾸며주는 말로 바꾼다. 영어는 명사 바로 뒷자리에 which를 쓴다. which가 명사 바로 뒤에 자리해 있는 경우 which가 데리고 있는 동사는 우리말 '~하는, ~ㄴ, ~했던 (과거인 경우)'의 뜻을 명사 뒤에 which가 있을 때만 나타낼 수 있다.

Practice

1 The books which I bought yesterday were very interesting.

해석 ◐ _____

2 Jason이 내가 끼고 있는 I'm wearing 이 반지를 this ring 사 주었다 bought me.

영작 ◐ _____

Super Speaking

1단계 : 처음 우리말과 영문을 보면서 영어로 말해본다.
2단계 : 영문을 손으로 가리고 우리말만 보면서 완전한 영어로 말할 수 있도록 3~4회 반복한다.

 이것이 네가 일전에 찾고 있었던 책이니?

 나는 불행한 결말을 가진 영화들을 좋아하지 않는다.
I don't like movies which have unhappy endings.

 Paul은 세탁기를 만드는 회사에서 일을 한다.
Paul works for a company which makes washing machines.

 네가 잃어버렸던 그 MP3 플레이어를 찾았니?
Have you found the MP3 player which you lost?

 Is this the book which you were looking for the other day?
우리말을 영어로 옮기기

Unit 04 날씨의 중요성

Cle   Clear   Rain

Meteorology

(a) **Weather** is very important to live our lives. (b) Meteorologists, scientists who study the weather, analyze the air, wind, and rain, etc and predict the weather in the near future. Pilots must know how airplanes might be affected by the bad weather. (c) Bad weather can be problematic. In order to grow healthy crops, farmers need the sunlight and enough amount of rain. An early frost can ruin the whole crop if the harvest season hasn't come yet. (d) Thick fog can cause accidents for cars and boats. But for children, the bad weather can be fun. (e) On dry and hot days, they can go swimming. On snowy and cold days, they can go skiing.

1 Choose the sentence that best summarizes this paragraph.

① (a)   ② (b)   ③ (c)

④ (d)   ⑤ (e)

2 According to the paragraph, why is weather so important?

① Because people rely on the weather each day.

② People can die from bad weather conditions.

③ Weather can influence humans in many ways.

④ Children need to have a suitable environment in which to play.

⑤ Meteorologists need to keep their honorable jobs.

💡 **Check Your VOCABULARY!**

meteorologist	analyze	predict	be affected by
problematic	in order to	crop	frost
ruin	whole	harvest season	go skiing

구문으로 익히는 Writing & Speaking

조동사 must

You must be tired after your long trip.
너는 장거리 여행을 한 후여서 피곤함에 **틀림없다.**

Everybody must wear a seatbelt on this KTX train.
모든 사람은 이 KTX 열차에서 좌석 벨트를 착용**해야 한다.**

조동사 must는 'necessity, prohibition, 95% certainty'와 같이 필요, 금지, 확신 등을 표현할 때 사용한다. '~임에 틀림없다'의 뜻으로 객관적인 확신(95% certainty)을 가지고 표현할 때 must 또는 must be를 사용한다. must not은 '강한 금지'를 나타낸다.

must와 should의 의미 차이를 알아두어야 한다. must는 선택의 여지가 없는 강한 의무나 필요를 나타내고 should는 충고나 제안할 때 사용하여 '~하는 게 좋겠다'라는 뜻이다.

100% 현재의 사실이라고 확신할 경우 현재형 (She is angry.)을 쓰고, 현재 상황에 대한 어떤 논리적인 이유나 근거가 있어 95% 확신하는 경우 must (be)를 쓴다. (She must be angry. She must like to play tennis.)

| Practice

1   You must study hard if you are to get good grades.

해석 ○ _____

2   그들은 they 그들의 회사에서 for their company 일하게 되어서 to be working 행복함에 틀림없다 happy.

영작 ○ _____

| Super Speaking
1단계 : 처음 우리말과 영문을 보면서 영어로 말해본다.
2단계 : 영문을 손으로 가리고 우리말만 보면서 완전한 영어로 말할 수 있도록 3~4회 반복한다.

   너는 학교에 올 때에는 교복을 입어야 한다.

You must wear the uniform when you come to school.

우리말을
영 어 로
옮 기 기

   Jessica는 매일 배드민턴을 친다. 그녀는 배드민턴 치는 것을 좋아하는 게 틀림없다.

Jessica plays badminton every day. She must like to play badminton.

   너는 영어 수업을 들어야 한다. 그것 없이는 졸업을 할 수 없다.

You must take an English course. You can't graduate without it.

   박물관에서는 (너는) 그림을 만져서는 안 된다.

You mustn't touch pictures in the museum.

Unit 05

노벨상의 기원

History

The Nobel Prizes, except the peace prize, are presented in Stockholm by the king or queen of Sweden. The Nobel Prizes must be the greatest award given to scholars. Each year, the Nobel Prizes are awarded in the fields of chemistry, physics, physiology or medicine, economics, and literature. Occasionally, prizes are not given or are awarded later. The winners are selected by groups of distinguished scholars from several European countries, including Sweden and Norway. The peace prize is presented in Oslo by the king or queen of Norway. The prizes consist of a medal, a certificate, and a cash award.

The prizes were established by Alfred Nobel, a Swedish chemist who invented dynamite, an explosive. Nobel had invented dynamite for peaceful purposes, _____ people soon discovered that dynamite could be a powerful weapon in war, this misuse of his invention saddened Nobel. The invention had brought him great wealth, and he decided to use the money to award anyone who worked for peace and the good of mankind. Before he died in 1896, he wished that the yearly income from the fortune should be divided into various annual awards.

1 이 글의 빈칸에 들어갈 말로 가장 적절한 것은?

① therefore

② in consequence of

③ but

④ to begin with

⑤ in addition

2 **Why was Nobel sad after inventing dynamite? Write in English.**

_____

3 **Choose the best title of this passage.**

① Explanation of Nobel Prize Nominees

② Life of Alfred Nobel

③ Kinds of Fields of Nobel Prize

④ Effects to the World by Nobel Prize

⑤ Establishment and History of Nobel Prize

4 **What does the underlined word 'misuse' refer to?**

① use of Nobel's money

② use of dynamite for peaceful purposes

③ use of the Nobel Prize

④ use of the dynamite in wars

⑤ use of the medal and certificate

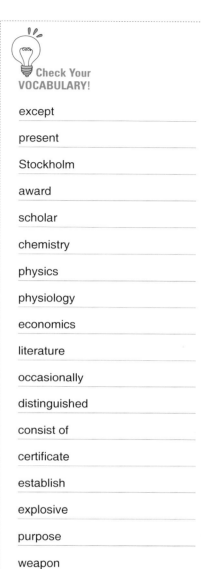

Check Your
VOCABULARY!

except

present

Stockholm

award

scholar

chemistry

physics

physiology

economics

literature

occasionally

distinguished

consist of

certificate

establish

explosive

purpose

weapon

misuse

sadden

mankind

income

fortune

be divided into

annual

consequence

WORD REVIEW

A Translate into English.

1 지각, 인지, 인식 _____

2 강요하다 _____

3 금지하다 _____

4 즐거움 _____

5 가구, 가계 _____

6 ~에 만족하다 _____

7 방법, 방식 _____

8 찾다, 구하다 _____

9 귀뚜라미 _____

10 마땅한 장소에 있다 _____

11 진화 _____

12 배, 복부 _____

13 망쳐놓다, 파괴하다 _____

14 예상하다 _____

15 분석하다 _____

16 농작물 _____

17 물리학 _____

18 증명서 _____

19 목적, 의도 _____

20 설립하다, 만들다 _____

B Translate into Korean.

1 necessitate _____

2 tradeoff _____

3 consequence _____

4 scarcity _____

5 consumer behavior _____

6 mode _____

7 carpet _____

8 cottage _____

9 creature _____

10 vocal sac _____

11 nostril _____

12 grasshopper _____

13 be affected by _____

14 harvest season _____

15 meteorologist _____

16 frost _____

17 economics _____

18 distinguished _____

19 misuse _____

20 fortune _____

C Choose the correct answers to each question.

1 The _____ of his fall was a broken leg.

① consequence   ② alternative

③ merriment   ④ tradeoff

2 The reason why the insects make sounds is to _____.

① inflate   ② buzz

③ snap   ④ communicate

3 An early frost can _____ the whole crop if the harvest season hasn't come yet.

① analyze   ② predict

③ ruin   ④ harvest

D Translate into English or Korean.

1 An electronic dictionary enables me to study English easier.

_____

2 What are you doing sitting out here?

_____

3 Alex가 말했던 그 빌딩 앞에서 만나자.

(which, building, in front of)

Let's meet _____

Alex talked about.

4 너는 엄마 말씀을 들어야 한다.

(listen to, mom, your, must)

_____

E Choose the correct words to fill in the blanks.

1 My parents _____ a perfect score on the final exam.

① expect to get me   ② expect me to get

③ expect get me   ④ expect me get

2 I study English, _____ to music.

① listen   ② listens

③ listening   ④ to listen

3 My mom bought that skirt. Hyoree wore the same skirt on TV.

= My mom bought _____ Hyoree wore on TV.

① the same skirt who

② which the same skirt

③ which

④ the same skirt which

4 · You _____ not drink alcohol because you are not an adult.

· He _____ be a criminal because he looks guilty.

① have to   ② must

③ used to   ④ will

F Write the synonyms and antonyms for each word.

misuse	ruin	occasionally

1 frequently ⇔ _____

2 wrong use = _____

3 destroy = _____

SENTENCE REVIEW

★ 조동사 might는 may의 과거형이 아니라, 현재나 미래의 불확실한 사실을 언급할 때 쓸 수 있다.

He **might have** the key. 그가 열쇠를 가지고 있을지도 몰라.

Jane **might want** to go with us. Jane이 우리랑 같이 가고 싶어 할지도 모르겠어.

★ 관계부사 where는 접속사와 부사 역할을 하며 선행사가 장소(the place)일 때 쓴다. 〈where = in[at, on] + which〉이다.

This is the city. I was born there. ➡ This is the city **where** I was born. 이곳이 내가 태어난 도시이다.
= in which

This is the place **where** we used to play. 여기는 우리가 예전에 놀던 곳이다.
= at which

★ 수동태 문장에서 행위자가 일반인일 때 혹은 불특정인이거나 확실하지 않을 경우 〈by + 목적어〉를 생략한다.

Both French and English are spoken in Canada **(by Canadians)**.

캐나다에서는 불어와 영어가 둘 다 사용된다.

Many people were killed in the incident **(by a criminal)**. 많은 사람들이 그 사고로 죽었다.

1 다음 해석에 맞게 빈칸을 채울 때 가장 적절한 것을 고르시오.

Minjung _____ be late for school if she doesn't leave now.

지금 떠나지 않으면 민정이는 학교에 지각할지도 모른다.

① must　　　　　② might　　　　　③ should　　　　　④ shall

2 다음 문장 중 틀린 부분을 찾아 바르게 고치시오.

He <u>works</u> two miles <u>away</u> from the city <u>which</u> he <u>lives</u>.
　　①　　　　　　②　　　　　　　③　　④　　　　　_____

3 다음 괄호 안에서 어법상 옳은 것을 고르시오.

Not long ago, some pieces of rock from outer space [discovered / were discovered] in Australia.

Homeroom teacher : _____

수업일		Contents (수업내용)	Homework (과제물)	Check (숙제검사)	
월	일			Done	Didn't do
월	일			Done	Didn't do
월	일			Done	Didn't do
나의 학습 아킬레스건	나의 취약 부분은?			Done	Didn't do
	해결 방법은?			Done	Didn't do
			Parent's Signature		

※ 학생들이 학원에서 공부한 내용입니다. 바쁘시더라도 관심을 갖고 확인해 주십시오.

You Have to Go!

네가 가라!

Q. 중고등학교 시절에 보면 언제나 영문법에서는 '~해야 한다'라는 뜻의 조동사로는 must, have to, have got to, should, ought to가 있잖아요. 분명히 현대영어에서는 활용이 다를 것 같은데, 어떤 동사가 어느 정도의 강도로 표현하는지, 그래서 어느 상황에 어떻게 골라 써야 하는지 잘 모르겠어요. 이 동사들의 차이점에 대한 설명이 있는 영어책이나 사전은 없나요?

A. 좋은 질문이네요. 보통의 영문법에서는 '~해야 한다'의 뜻으로 설명되어 모두 다 같은 뜻으로 착각할 수 있습니다. 물론 해석상의 뜻은 같습니다. 그러나 활용에서는 차이가 있다는 것이지요. 문법(Grammar)과 활용법(Usage) 사이에는 차이가 있습니다. 여러분이 배우는 것은 영문법 수준인데, 그 영문법이라는 게 일본식 영문법을 아무런 여과 없이 받아들인 것들이 대부분이죠. 한국 영어에 여러 가지 일본식의 잘못된 영문법의 잔재가 아직도 남아 있는 것입니다.

must, have to, should, ought to 등은 한결같이 '~해야 한다'라고만 되어 있어, 특히나 회화에서 잘못 사용하기 쉬운 표현들입니다. 사실이 조동사들의 용법에는 '추측'이나 '예상' 등 다양한 것들이 있지만, '의무, 필요'의 용법에 대해서만 설명해 드리기로 하겠습니다. 그나마 다행히도 현대 영어에서는 should와 ought to를 큰 구별 없이 사용하고 있으며, must와 have to의 경우에도 마찬가지입니다. 따라서 크게 〈should와 ought to〉, 〈must와 have to〉 두 그룹으로 나눠서 생각해 볼 수 있습니다. 다만 have to가 더 일반적으로 사용되며 must는 좀 더 formal한 인상을 주게 됩니다. 보통은 어떤 일을 하는 게 좋겠다(advisability) 정도의 가벼운 뉘앙스일 때는 should나 ought to를 사용하고, 강한 확인(95% certainty)을 가지고 '반드시 ~해야 한다'고 단정적으로 말할 때는 must나 have to를 사용합니다. 이처럼 must와 have to는 단정적이고 강한 어투이기 때문에 일상생활에서 너무 많이 사용하면 상대방의 기분을 상하게 할 수 있으니 주의해야 합니다.

WORD LIST • Chapter 01

1	various	다양한	21	harsh	거친, 가혹한
2	root	뿌리	22	without	~없이
3	stay	머무르다	23	run out	흘러나오다
4	environment	환경	24	wash away	씻어내다
5	form	형성하다	25	sunlight	햇빛
6	raindrop	빗방울	26	rainbow	무지개
7	mixture	혼합물	27	prism	프리즘
8	offer	제공하다	28	split	쪼개다, 분할하다
9	honor	명예	29	courtesy	예의
10	universal	전 세계의	30	experience	경험
11	broaden	넓히다	31	regardless of	~와 상관(관계)없이
12	valuable	가치가 있는	32	common	공통의
13	for a while	잠시 동안	33	educate	교육하다
14	lack	부족	34	aware	알아차리고 있는, 알고 있는
15	effort	노력	35	due to	~때문에
16	gravity	중력	36	gaseous	가스의, 기체상태의
17	separate	가르다, 분리하다	37	condense	응축하다, 압축하다
18	hold	잡다	38	accumulate	축적하다, 누적하다
19	inner	안의, 안쪽의	39	release	방출하다, 놓아주다
20	planet	행성	40	typical	전형적인

WORD LIST • Chapter 02

1	**infant**	유아
2	**introduce**	소개하다
3	**wrist**	손목
4	**watchmaker**	시계 제조업자
5	**invest**	투자하다
6	**medical**	의학의
7	**reasonable**	합당한, 정당한
8	**enormous**	큰, 거대한
9	**seriously**	진지하게
10	**prove**	증명하다
11	**affect**	～에 영향을 주다
12	**seek**	찾다, 추구하다
13	**once**	일단 ～하면
14	**tune**	곡, 가락
15	**dot**	작은 점
16	**record**	기록하다
17	**negative**	부정적인
18	**accomplish**	이루다, 성취하다
19	**make up one's mind**	～을 결심하다
20	**inspiration**	영감
21	**inspire**	영감을 주다
22	**invention**	발명
23	**while**	～하는 동안
24	**tie**	묶다
25	**mention**	언급하다
26	**suppose**	가정하다
27	**deserve**	～받을 만하다
28	**janitor**	수위, 관리인
29	**medical community**	의료계
30	**play a role in**	～에서 역할을 하다
31	**organic**	신체 기관의
32	**psychological**	심리(학)적인
33	**pass along**	알리다, 전가하다
34	**monk**	수도(승)사
35	**composer**	작곡가
36	**instrument**	악기
37	**enjoyable**	재미있는
38	**moral**	교훈
39	**correspond**	일치하다
40	**unless**	～하지 않으면

WORD LIST • Chapter 03

1	notice	알아차리다	21	dense	밀집한
2	completely	완전히, 완벽하게	22	traditional	전통의
3	discover	발견하다	23	look for	~을 찾다, 구하다
4	comprise of	~을 구성하다	24	approximately	대략
5	greenhouse	온실	25	commercial	상업상의, 상업 광고
6	temperature	온도	26	moisture	수분, 습기
7	control	조절(관리)하다	27	throughout	~동안, ~내내
8	outdoors	야외에서	28	nowadays	요즘에
9	beam	광선, 빛	29	invent	발명하다
10	receiver	수화기	30	operate	작동하다
11	photophone	광선전화	31	reflect	반사하다, 반영하다
12	signal	신호	32	vibration	진동
13	employ	사용하다, 쓰다	33	consumer	소비자
14	advertise	광고하다	34	product	상품, 제품
15	immediately	즉시, 즉각	35	in addition	게다가
16	convince	확신시키다	36	apart from	떨어져서
17	all of a sudden	갑자기	37	extracurricular	일과 이외의
18	adequate	알맞은	38	require	필요로 하다
19	specialize	전문화하다	39	expense	지출, 비용
20	concentrate	집중하다	40	meanwhile	한편

WORD LIST • Chapter 04

1	**trick**	속임수		21	**at least**	적어도
2	**pretend**	~인 체하다		22	**overlay**	~을 (…위에) 놓다, 겹치다
3	**complicated**	복잡한		23	**literally**	글자 그대로, 정말로
4	**technology**	과학기술		24	**decade**	10년(간)
5	**royal family**	왕실, 황족		25	**to begin with**	우선, 먼저
6	**notorious**	악명 높은		26	**be located**	~에 위치해 있다
7	**criminal**	범죄자		27	**enormous**	거대한
8	**weigh**	무게가 나가다		28	**monument**	기념비
9	**distance**	거리, 간격		29	**migrate**	이동하다, 이주하다
10	**autumn** (= fall)	가을		30	**migratory**	이동하는, 이주하는
11	**direction**	방향		31	**Northern Hemisphere**	북반구
12	**fail to do**	~하는 데 실패하다		32	**detail**	세부사항
13	**fog**	안개		33	**direct**	길을 가르쳐 주다
14	**be lost** (= lose one's way)	길을 잃다		34	**address**	주소
15	**thick**	짙은, 두꺼운		35	**promising**	가망 있는, 유망한
16	**elbow**	팔꿈치		36	**blind**	시각 장애의, 장님의
17	**hold**	개최하다		37	**tournament**	승자 진출전
18	**celebrity**	유명인사, 유명인		38	**host country**	개최국
19	**consecutive**	연속적인		39	**independence**	독립
20	**celebrate**	경축하다, 축하하다		40	**competition**	경기, 시합, 경쟁

WORD LIST • Bonus Chapter

1	**awareness**	지각, 인지, 인식		1	**necessitate**	필요로 하다, 수반하다
2	**impose**	강요하다		2	**tradeoff**	교환, 거래
3	**prohibit**	금지하다		3	**consequence**	결과, 중요성
4	**merriment**	즐거움		4	**scarcity**	부족함, 희소성
5	**household**	가구, 가계		5	**consumer behavior**	소비자 행동 양식
6	**be content with**	~에 만족하다		6	**mode**	방식, 방법
7	**way**	방법, 방식		7	**carpet**	양탄자를 깔다, 카펫
8	**seek**	찾다, 구하다		8	**cottage**	오두막
9	**cricket**	귀뚜라미		9	**creature**	생물, 동물
10	**belong**	마땅한 장소에 있다		10	**vocal sac**	울음 주머니
11	**evolution**	진화		11	**nostril**	콧구멍
12	**belly**	배, 복부		12	**grasshopper**	메뚜기
13	**ruin**	망쳐놓다, 파괴하다		13	**be affected by**	~에 의해 영향을 받다
14	**predict**	예상하다		14	**harvest season**	수확 기간(시즌)
15	**analyze**	분석하다		15	**meteorologist**	기상학자
16	**crop**	농작물		16	**frost**	서리
17	**physics**	물리학		17	**economics**	경제학
18	**certificate**	증명서		18	**distinguished**	뛰어난, 유명한
19	**purpose**	목적, 의도		19	**misuse**	악용(하다), 오용(하다)
20	**establish**	설립하다, 만들다		20	**fortune**	재산

Answer Key

Chapter 01

Reading Skill — p.15

③ 전통적인 학교의 혜택

Unit 01 — p.16

1 ⑤　　**2** ③

root	뿌리	stay	머무르다
form	형성하다, 만들다	run down	흘러내리다
wash away	씻어내다	various	다양한, 여러 가지의
harsh	황량한, 가혹한, 거친	environment	환경, 주위, 상황

Writing & Speaking — p.17

1 영어는 문법이 어렵기 때문에 배우기(에)가 쉽지 않다.
2 This car is not easy to drive.

Unit 02 — p.18

1 ①　　**2** (1) F　　(2) T

prism	프리즘	split	쪼개다, 분할하다
range	범위, 연속	spectrum	스펙트럼, 분광
mixture	혼합, 혼합물	raindrop	빗방울
argument	논쟁, 주장	agreement	일치, 조화

Writing & Speaking — p.19

1 읽을 몇 권의 책들이 있다.
2 There were lots of people waiting for a bus.

Unit 03 — p.20

1 ③　　**2** ①

universal	전 세계적인, 보편적인	common	공통의
regardless of	~에 상관(관계)없이	honor	명예
justice	정의	courtesy	예의
highly	매우	regard	간주하다
valuable	가치가 있는	broaden	넓히다
expand	확장하다, 발전하다	experience	경험(하다)

Writing & Speaking — p.21

1 나는 네가 다음 번에 더 잘할 것이라고 믿는다.
2 That she will enter a good college in the future is possible.

Unit 04 — p.22

1 ②
2 to educate people and bring necessary changes to the country

aware	알아차리고 있는, 알고 있는	press	신문, 출판물
publish	출판하다	in an effort to	~하려는 노력으로
educate	교육하다	necessary	필요한
the rest of	나머지의	discontinue	중단하다
for a while	잠시 동안	due to	~ 때문에
lack	부족, 결핍	in spite of	~에도 불구하고

Writing & Speaking — p.23

1 영화배우들은 10대들에 의해 사랑 받는다.
2 This dress was designed by Andre Kim.

Unit 05 — p.24

1 ④
2 The sun is the center of the solar system.
3 ①
4 ⑤

planet	행성	gravity	중력
revolve	회전하다	asteroid	소행성
comet	혜성	meteor	유성
form	형성하다	thread	실, 가닥
gaseous	가스 상태의	approach	~에 다가가다
separate	분리하다	billion	십억
condense	응축하다	surface	표면
radioactive	방사성의	accumulate	축적하다
release	방출하다	molten	녹은
unique	특이한, 독특한	feature	특징
typical	전형적인, 대표적인	core	핵
crust	[지질] 지각	mantle	[지구의] 맨틀

WORD REVIEW — p.26

A

1	various	11	broaden
2	root	12	valuable
3	stay	13	for a while
4	environment	14	lack
5	form	15	effort
6	raindrop	16	gravity
7	mixture	17	separate
8	offer	18	hold
9	honor	19	inner
10	universal	20	planet

B

1	거친, 가혹한	11	~와 상관(관계)없이
2	~없이	12	공통의
3	흘러나오다	13	교육하다
4	씻어내다	14	알아차리고 있는, 알고 있는
5	햇빛	15	~때문에

6	무지개	16	가스의, 기체상태의
7	프리즘	17	응축하다, 압축하다
8	쪼개다, 분할하다	18	축적하다, 누적하다
9	예의	19	방출하다, 놓아주다
10	경험	20	전형적인

C

1	②	3	②
2	④		

D

1	이 책은 공부하기에 어렵다.
2	당신을 찾는 한 남자가 있다.
3	Everybody knows that this game is fun.
4	This building was built in the 1700s.

E

1	③	3	①
2	④	4	④

F

1	④	2	③

SENTENCE REVIEW p.28

1	③
2	④
3	playing

Chapter 02

Mini Quiz p.30

1	introduce	6	tendency
2	unfair	7	organic
3	public	8	tune
4	deserve	9	second thought
5	reasonable	10	succeed

Reading Skill p.31

⑤ 쇼핑 시간 단축을 위해 매장 설계가 바뀌고 있다.

Unit 01 p.32

1 ④		2 (1) F (2) F (3) T	
wristwatch	손목시계	invent	발명하다
watchmaker	시계 제조업자	take a walk	산책하다
infant	유아	tie	묶다
invention	발명	inspire	영감을 주다

Writing & Speaking p.33

1	사람들은 발 밑에서 지진이 땅을 흔드는 것을 느꼈다.
2	I saw some children swimming in the river.

Unit 02 p.34

1 ④		2 ⑤	
wage	임금, 급료	physically	육체적으로
deserve	~받을 만하다	for instance	예를 들어
invest	투자하다	medical	의학의
mention	언급하다	enormous	큰, 거대한
reasonable	합당한, 정당한	maid	가정부
janitor	수위, 관리인	suppose	가정하다

Writing & Speaking p.35

1	그녀가 밤에 그렇게 늦게 집에 왔다는 것이 이상하다.
2	It is certain that people live longer than they did before.

Unit 03 p.36

1 ④		2 ④	
tendency	경향	in terms of	~의 관점에서, 면에서
medical community	의료계	seriously	진지하게
play a role in	~에서 역할을 하다	illness	병, 질병
prove	증명하다	affect	~에 영향을 주다
a large portion of	아주 많은	organic	신체기관의
seek	찾다, 추구하다	psychological	심리(학)적인

Writing & Speaking p.37

1	음악을 영원히 바꿔놓은 비틀즈는 세계에서 가장 유명한 로큰롤 밴드였다.
2	Seo-yoon is the only girl that knows the secret.

Unit 04 p.38

1 ③		2 ①	
once	일단 ~하면	pass along	알리다, 전가하다
monk	수도(승)사	tune	곡, 가락
record	기록하다	simply	단순하게
dot	작은 점	composer	작곡가

Writing & Speaking p.39

1	중요한 것은 그림을 예술가의 원래 의도로 되돌리는 것이다.
2	Poetry provides us with what is missing in our own lives.

Unit 05 p.40

1 ②		3 ⑤	
2 ④			
successful	성공적인	unless	~하지 않으면
in order to	~하기 위하여	negative	부정적인
decision	결정	accomplish	이루다, 성취하다
novel	소설	inspiration	영감
intense	강렬한	enjoyable	재미있는
especially	특히	make up one's mind	결심하다

actually	사실은	no matter how	아무리 ～할지라도
second thought	재고, 숙고	moral	교훈, 도덕적인
correspond	일치하다		

WORD REVIEW p.42

p.42

A

1	infant	11	affect
2	introduce	12	seek
3	wrist	13	once
4	watchmaker	14	tune
5	invest	15	dot
6	medical	16	record
7	reasonable	17	negative
8	enormous	18	accomplish
9	seriously	19	make up one's mind
10	prove	20	inspiration

B

1	영감을 주다	11	신체 기관의
2	발명	12	심리(학)적인
3	～하는 동안	13	알리다, 전가하다
4	묶다	14	수도(승)사
5	언급하다	15	작곡가
6	가정하다	16	악기
7	～받을 만하다	17	재미있는
8	수위, 관리인	18	교훈
9	의료계	19	일치하다
10	～에서 역할을 하다	20	～하지 않으면

C

1	③	3	①
2	④		

D

1	나는 네가 내 이름을 부르는 것을 들었다.
2	네가 취직했다는 것은 대단한 일이다.
3	He is the man that broke the promise.
4	What you are listening to now is my favorite song.

E

1	①	3	③
2	①	4	③

F

1	②	3	④
2	①	4	③

SENTENCE REVIEW p.44

p.44

1	②	3	②
2	③		

Chapter 03

Mini Quiz p.46

p.46

1	survive	6	operate
2	notice	7	tempted
3	value	8	appearance
4	commercial	9	deal
5	own	10	concentrate

Reading Skill p.47

p.47

④ 한국에서 야생 식물들을 보존하기

Unit 01 p.48

p.48

1 ④ **2** ②

approximately	대략	dense	밀집한
notice	알아차리다	look for	～을 찾다, 구하다
tribe	부족	comprise of	～을 구성하다
Tasaday	타사다이족	completely	완벽하게
protect	보호하다	crop	농작물
discover	발견하다	traditional	전통의

Writing & Speaking p.49

p.49

1 당신이 기부하는 어떤 것도 가난한 사람들에게 매우 도움이 될 것이다.
2 The story(that/which) I read last night was very horrible.

Unit 02 p.50

p.50

1 ③ **2** ④, ⑤

greenhouse	온실	temperature	온도
moisture	수분, 습기	control	조절하다, 관리하다
throughout	～동안 내내	outdoor	야외의
nowadays	오늘 날에는	commercial	상업상의, 판매를 목적으로 하는

Writing & Speaking p.51

p.51

1 영어로 연설하는 것은 쉽지 않다.
2 It is important to travel to other countries.

Unit 03 p.52

p.52

1 ④ **2** ①

invent	발명하다	photophone	광선전화
whereas	반면에	electricity	전기
wire	전선	beam	광선, 빛
operate	작동하다, 작용하다	close to	가까이에
reflect	반사하다	vibration	진동
receiver	수화기	signal	신호

Writing & Speaking — p.53

1 언어를 잘 배우기 위하여, 너는 인터넷을 최대한 활용해야 한다.

2 To buy a gift for his girlfriend, Dennis went to the department store.

Unit 04 — p.54

1 ⑤　　　　**2** ③

tempt	유혹하다	consumer	소비자
commercial	광고 방송	employ	사용하다, 쓰다
convince	확신시키다	product	상품, 제품
in addition	게다가	improve	향상시키다
advertise	광고하다	regret	후회하다
immediately	즉시, 즉각	deal	거래

Writing & Speaking — p.55

1 그들의 집에 있는 지하실에서 시체가 발견되었다.

2 A boy in a blue jacket is crossing the road.

Unit 05 — p.56

1 ③

2 ①

3 (1) F　　(2) T　　(3) F

4 You can save on expenses and study in a better environment than at universities.

graduate from	～을 졸업하다	apart from	떨어져서
all of a sudden	갑작스러운	expense	지출, 비용
community college	지역 전문대학	university	대학교
concentrate	집중하다	meanwhile	한편(으로는)
offer	제공하다	extracurricular	일과 이외의, 과외의
adequate	적합한, 알맞은	specialize	특수화하다, 전공하다
field	분야, 들판	require	필요로 하다
society	사회	even though	비록 ～일지라도
variety	다양성	in other words	다시 말해서
on the contrary	대조적으로		

WORD REVIEW — p.58

A

1	notice	11	photophone
2	completely	12	signal
3	discover	13	employ
4	comprise	14	advertise
5	greenhouse	15	immediately
6	temperature	16	convince
7	control	17	all of a sudden
8	outdoors	18	adequate
9	beam	19	specialize
10	receiver	20	concentrate

B

1	밀집한	11	반사하다, 반영하다
2	전통의	12	진동
3	～을 찾다, 구하다	13	소비자
4	대략	14	상품, 제품
5	상업상의	15	게다가
6	수분, 습기	16	떨어져서
7	～동안, ～내내	17	일과 이외의
8	요즘에	18	필요로 하다
9	발명하다	19	지출, 비용
10	작동하다	20	한편

C

1	②	3	③
2	④		

D

1 이것이 그 여자가 얘기했던 책이다.

2 The book that you read was written by my grandfather.

E

1	①	3	④
2	①	4	②

F

1	advertise	3	operate
2	approximately	4	moisture

SENTENCE REVIEW — p.60

1	what to eat	3	②
2	③, who		

Chapter 04

Mini Quiz — p.62

1	promising	6	sight
2	regular / basis	7	detail
3	literally	8	urgent
4	enormous	9	vivid
5	method	10	unique

Reading Skill — p.63

④ 사람들은 다양한 방식으로 배운다.

Unit 01 — p.64

1 ⑤　　　　**2** (1) T　　(2) F　　(3) F

respond	반응하다, 대답하다	at least	적어도, 최소한
probably	아마도	literally	글자 그대로, 정말로
trick	속임수, 기법, 트릭	decade	10년(간)
technology	과학 기술	film	영화
pretend	～인 체하다	overlay	～을 (…위에) 놓다, 겹치다
complicated	복잡한	thanks to	～덕분에

Writing & Speaking   p.65

1 나는 자원봉사 일을 하는 사람들을 존경한다.

2 The man sitting in front of me at the movie theater was snoring.

Unit 02   p.66

1 ⑤   **2** ②

to begin with	우선, 먼저	House of Parliament	국회의사당
be located on	~에 위치해 있다	Thames River	템즈강
Big Ben 빅벤 (영국 국회 의사당의 시계탑)		weigh	무게가 나가다
Buckingham Palace	버킹검 궁전	royal family	왕실, 황족
notorious	악명 높은	criminal	범죄자
monument	기념비(탑)	Hyde Park	하이드파크

Writing & Speaking   p.67

1 그는 그녀에게 연애편지를 썼다. 그런데 그녀는 그것을 개봉하지 않은 채로 돌려보냈다.

2 She gave me some advice, which I needed so much.

Unit 03   p.68

1 ⑤   **2** ②

distance	거리, 간격	autumn	가을 (= fall)
migrate	이동하다, 이주하다	Northern Hemisphere	북반구
Southern Hemisphere	남반구	fail to	~하는 데 실패하다
direction	방향	migratory	이동(이주)하는

Writing & Speaking   p.69

1 성공적인 체중 조절의 유일한 방법은 규칙적으로 운동하는 것이다.

2 You should give up watching TV if you want to go to a college.

Unit 04   p.70

1 ②   **2** ③

be lost	길을 잃다 (= lose one's way)	fog	안개
direct	길을 가르쳐 주다	elbow	팔꿈치
address	주소	indeed	정말로
stranger	낯선 사람	blind	시작 장애의
thick	짙은, 두꺼운	promising	가망 있는, 유망한
urgent	긴급한	grateful	감사히 여기는

Writing & Speaking   p.71

1 공이 손에 있는 채로 저기에 서 있는 남자는 유명한 축구선수이다.

2 The actress sat on a chair with her legs crossed.

Unit 05   p.72

1 Fourteen countries participated (in the first World Cup).

2 ④

3 ④

4 ③

federation	연합	association	협회, 단체
organization	조직체(단체, 협회 등), 기구	rule	규칙
competition	경기, 시합	on a regular basis	정기적으로, 규칙적으로

tournament	승자 진출전	hold	개최하다
celebrate	경축하다, 축하하다	independence	독립
host country	개최국	Jules Rimet Trophy	줄리메 컵
match	경기	the English Channel	영국 해협
consecutive	연속적인	indigent	궁핍한
celebrity	유명인사, 유명인	billion	십억

WORD REVIEW   p.74

A

1	trick	11	direction
2	pretend	12	fail to do
3	complicated	13	fog
4	technology	14	be lost (= lose one's way)
5	royal family	15	thick
6	notorious	16	elbow
7	criminal	17	hold
8	weigh	18	celebrity
9	distance	19	consecutive
10	autumn (= fall)	20	celebrate

B

1	적어도	11	북반구
2	~을 (…위에) 놓다, 겹치다	12	세부사항
3	글자 그대로, 정말로	13	길을 가르쳐 주다
4	10년(간)	14	주소
5	우선, 먼저	15	가망 있는, 유망한
6	~에 위치해 있다	16	시각 장애의, 장님의
7	거대한	17	승자 진출전
8	기념비	18	개최국
9	이동하다, 이주하다	19	독립
10	이동하는, 이주하는	20	경기, 시합, 경쟁

C

| 1 | ② | 3 | ① |
| 2 | ③ | | |

D

1 차 안에서 자고 있는 아기가 있다.

2 그녀는 차가 두 대 있는데, 그 두 대는 Mercedes-Benz와 BMW이다.

3 Eating chocolate after meals

4 with a baby in her arms.

E

| 1 | ① | 3 | ④ |
| 2 | ① | 4 | ② |

F

| 1 | 거리를 유지하다 | 3 | 잘못된 방향으로 가다 |
| 2 | 잠시 기다리다 | | |

SENTENCE REVIEW   p.76

| 1 | ② 삭제 | 3 | cannot |
| 2 | ② | | |

Bonus Chapter

Mini Quiz — p.80

1	individual	6	suitable
2	alternative	7	predict
3	mode	8	analyze
4	creature	9	award
5	review	10	purposes

Reading Skill — p.81

③ 대조적으로

Unit 01 — p.82

1 ①　　　　　　**2** ①

scarcity	부족함, 희소성	individual	개인
involve	의미하다, 포함하다	tradeoff	거래, 교환
necessitate	필요케 하다, 수반하다	awareness	지각, 인지, 인식
consequence	결과, 중요성	alternative	양자택일
prohibit	금지하다	purchase	구매(하다)
impose	강요하다	merriment	즐거움

Writing & Speaking — p.83

1 나는 그녀에게 공공장소에서 담배 피지 말라고 경고했다.
2 The government forced the people to pay taxes every year.

Unit 02 — p.84

1 ①　　　　　　**2** ③

way	방법, 방식	seek	찾다, 구하다
pleasure	즐거움	content	만족한
cottage	오두막	mode	방식, 방법
consumer behavior	소비자 행동 양식	surprise	놀라게 하다

Writing & Speaking — p.85

1 그는 빗소리를 들으면서 오랫동안 앉아 있었다.
2 Kelly read the newspaper, eating her breakfast.

Unit 03 — p.86

1 ④　　　　　　**2** (1) T　(2) F　(3) F

wasp	말벌	buzz	윙윙거리다
cricket	귀뚜라미	grasshopper	메뚜기
snap	탁(툭) 치다	belong	(있어야 할[마땅한] 장소에) 있다
creature	생물, 동물	evolution	진화
vocal sac	울음 주머니	inflate	부풀리다, 팽창시키다
nostril	콧구멍	deflate	공기를 빼다

Writing & Speaking — p.87

1 내가 어제 구입한 책들은 아주 재미있었다.
2 Jason bought me this ring which I'm wearing.

Unit 04 — p.88

1 ①　　　　　　**2** ③

meteorologist	기상학자	analyze	분석하다
predict	예상하다	be affected by	~에 의해 영향을 받다
problematic	문제가 있는	in order to	~하기 위하여
crop	농작물	frost	서리
ruin	망쳐놓다, 파괴하다	whole	전체의
harvest season	수확 기간	go skiing	스키 타러 가다

Writing & Speaking — p.89

1 (만약) 네가 좋은 성적을 받길 원한다면 너는 열심히 공부해야 한다.
2 They must be happy to be working for their company.

Unit 05 — p.90

1 ③
2 It was invented for peaceful purposes.but later it was used as a weapon in war.
3 ⑤
4 ④

except	~을 제외하고	present	주다
Stockholm	스톡홀름(스웨덴의 수도)	award	(상 등을) 수여하다, 상
scholar	학자	chemistry	화학
physics	물리학	physiology	생리학
economics	경제학	literature	문학, 문예
occasionally	때때로, 가끔	distinguished	뛰어난, 유명한
consist of	~로 이루어져 있다	certificate	증명서
establish	설립하다, 만들다	explosive	폭발물
purpose	목적, 의도	weapon	무기
misuse	악용(하다)	sadden	슬프게 하다
mankind	인류	income	수입
fortune	재산	be divided into	~로 나뉘다
annual	매년의	consequence	결과

WORD REVIEW — p.92

A

1	awareness	11	evolution
2	impose	12	belly
3	prohibit	13	ruin
4	merriment	14	predict
5	household	15	analyze
6	be content with	16	crop
7	way	17	physics
8	seek	18	certificate
9	cricket	19	purpose
10	belong	20	establish

B

1	필요로 하다, 수반하다	11	콧구멍
2	교환, 거래	12	메뚜기
3	결과, 중요성	13	~에 의해 영향을 받다
4	부족함, 희소성	14	수확 기간(시즌)

5	소비자 행동 양식	15	기상학자
6	방식, 방법	16	서리
7	양탄자를 깔다, 카펫	17	경제학
8	오두막	18	뛰어난, 유명한
9	생물, 동물	19	악용(하다), 오용(하다)
10	울음 주머니	20	재산

C

1	①	3	③
2	④		

D

1	전자사전은 내가 영어를 쉽게 공부할 수 있게 해 준다.
2	여기 밖에 앉아 뭐하고 있어요?
3	in front of the building which
4	You must listen to your mom.

E

1	②	3	④
2	③	4	②

F

1	occasionally	3	ruin
2	misuse		

SENTENCE REVIEW p.94

1	②	3	were discovered
2	③, where